LECCIONES PRÁCTICAS PARA ARREGLAR Y COMPONER MÚSICA

Felipe Kirk Bullington

EDITORIAL MUNDO HISPANO

Contenido

Prefacio 5

Lección 1: El proceso creativo 7
Lección 2: La letra: cómo empezar y
cómo estructurarla 13
Lección 3: La letra: maneras de desarrollarla
correctamente 21
Lección 4: La forma en la música 31
Lección 5: La melodía 41
Lección 6: La armonía 53
Lección 7: El acompañamiento 69
Lección 8: Las voces 85
Lección 9: La orquestación 95
Lección 10: Cómo escribir un canto y hacer arreglos,
paso a paso 105
Lección 11: Cómo publicar su composición 113
Lección 12: Epílogo: Los hábitos del compositor
exitoso 121
Apéndice: Aprenda cómo **no** escribir cantos
Guía oficial para escribir cantos
de amor 127

EDITORIAL MUNDO HISPANO

Apartado Postal 4256, El Paso, TX 79914 EE. UU. de A.
www.editorialmh.org

Lecciones prácticas para arreglar y componer música. © Copyright 2003, Editorial Mundo Hispano, 7000 Alabama St., El Paso, Texas, 79904, Estados Unidos de América. Todos los derechos reservados. Prohibida su reproducción o transmisión total o parcial, por cualquier medio, sin el permiso escrito de los publicadores.

Editoras: Annette Herrington
Adelina Almanza
Ilustración de la portada: David Grossmann

Primera edición: 2003

Clasificación Decimal Dewey: 378.87

Tema: 1. Música
2. Estudio y enseñanza

ISBN: 0-311-32409-6
EMH Art. No. 32409

3 M 9 03

Impreso en Bielorrusia
Printed in Belarus

«Printcorp». LP # 347 of 11.05.99. Or. 03093. Qty 3 000 cps.

Prefacio

Es para mí un placer enorme intentar escribir un libro acerca de cómo componer música y hacer arreglos musicales. He tratado de poner en estas páginas las ideas más prácticas acerca del tema y las que me han ayudado más a mí. Le doy a continuación algunas sugerencias sobre cómo usar este libro:

- Puede leerlo de principio a fin, o bien estudiar solamente las lecciones que le interesen. Piense en este libro como una caja de herramientas de composición.
- Obviamente, cada tema en este libro puede ser el tema de un libro entero. Lo que he tratado de hacer es presentar las herramientas más básicas y necesarias para tener éxito en la composición de música cristiana.
- He puesto en cursiva los conceptos fundamentales para enfatizarlos.
- Al final de cada lección hay actividades prácticas que le ayudarán a acostumbrarse a usar las técnicas presentadas en sus composiciones. Si las realiza bien, sacará más provecho de este libro.

Es importante notar que hay una diferencia entre la teoría (el estudio de la armonía) y la composición de la música. Es, por ejemplo, como la diferencia entre conocer la gramática española y saber cómo contar un buen cuento. Uno puede dominar la gramática y al mismo tiempo no saber cómo relatar bien un cuento. Por otro lado, uno puede contar muy bien un relato y no saber nada de las reglas gramaticales. Obviamente, la persona que puede dominar los dos tendrá más éxito. Aunque este libro tiene más que ver con la composición de música que con otra cosa, espero que el lector obtenga un conocimiento básico sobre la música, cómo leerla, cómo escribir las notas musicales y cómo armonizar una melodía. He tratado de escribir un libro muy práctico y apropiado para cualquier persona interesada en la composición, sin importar su nivel de experiencia. Es claro, por supuesto, que algunas lecciones requerirán más conocimiento musical que otras. Los dos libros de esta serie titulados *Lecciones prácticas para leer música, Tomos I y II*, manejan la teoría de la música y pueden ser de gran ayuda. Me referiré a ellos de vez en cuando, con las indicaciones *"Leer música I"* y *"Leer música II"*.

Hubiera sido imposible escribir este libro sin la ayuda de colegas muy queridos de la Casa Bautista de Publicaciones. Quiero agradecer profundamente la colaboración de Russell y Annette Herrington, Hermes y Sonia Soto y dos músicos que estudiaron conmigo unos meses y quienes trabajaron también en el libro: Juan Carlos de la Cruz de la República Dominicana e Isaac Rojas de Costa Rica.

Espero que el libro sea de gran ayuda para usted y que Dios le bendiga al componer "cánticos nuevos" para alabarle.

Felipe Kirk Bullington
El Paso, Texas

Lección 1

EL PROCESO CREATIVO

*Para las cosas mundanas de cada día
Dios nos ha dado los idiomas,
Pero para las alturas y profundidades
no alcanzables
Dios nos ha dado la música, el idioma del alma.*

Anónimo

¿Le gustaría ser compositor? Si ha decidido escribir música, ha escogido una excelente labor. Estoy convencido de que Dios se agrada de la música nueva. Leemos a menudo en la Biblia versículos como:

"Puso luego en mi boca cántico NUEVO, alabanza
a nuestro Dios" (Salmo 40:3)
"Cantad a Jehovah cántico NUEVO" (Salmos 96:1
y 149:1)
"Cantaban un NUEVO cántico" (Apocalipsis 5:9)

Al mirar la belleza del mundo y la infinita variedad de personas y animales, resulta obvio que tenemos un Dios creativo, y cuando nos involucramos en cualquier obra creativa estamos honrando a Dios. Lamentablemente *muchas iglesias sufren de una enfermedad que se llama "lo mismo"*:
1. Un vocabulario armónico muy limitado: usualmente tres acordes.
2. Un repertorio de temas muy limitados, usualmente de alabanza y adoración solamente.

¿Dónde están los cantos de acción de gracias, confesión y enseñanza doctrinal? Carecen realmente de un vocabulario de estilos. Aun los cantos nuevos que se oyen parecen ser imitaciones más prosaicas de las mismas palabras, armonías y estilos que hemos oído mil veces ya en cantos más famosos. Si alguien ya lo ha dicho mejor, ¿por qué molestarse en repetirlo o decirlo en una manera inferior? Y si es de poco agrado para nosotros, ¿cuánto menos lo será para Dios? Ojalá que bajo la inspiración del Espíritu Santo usted pueda ser la persona que ayude al pueblo cristiano a cumplir el mandamiento de cantarle un "cántico nuevo" a nuestro Señor y Salvador Jesucristo.

Como cristianos, nuestra relación de amor con Dios, nutrida diariamente por *unos momentos devocionales con él, es la base de nuestras composiciones.* ¿Por qué componer si no tenemos nada que decir para animar a otros cristianos en su caminar con Dios o para atraer a los no cristianos a él? Tenemos que practicar las disciplinas del estudio bíblico y la oración y acostumbrarnos a escuchar la voz de Dios.

Un escritor anónimo dijo: "Lo primero que hay que superar es el temor a la página en blanco". ¿Cómo iniciar el proceso creador? Empecemos siempre con un momento de oración. *Tenemos que recordar que Dios es el gran Creador y la fuente de nuestra creatividad.* También tenemos que recordar que estamos rodeados de obras creativas de toda clase. Si queremos empezar un proceso creativo tenemos que inundarnos de las cosas que queremos emular. En nuestro caso es la música y en cada caso particular el tipo de música que se quiere componer. No hay sustituto para las dos disciplinas siguientes:

1. Tiempo a solas con Dios y
2. Una rica experiencia musical; escucharla, analizarla y ¡finalmente escribirla!

El proceso creativo empieza sin un instrumento musical. Si nos sentamos al piano o con una guitarra, vamos a perder mucho tiempo mirando las teclas o las cuerdas. Los músculos de nuestros dedos tienen un tipo de "memoria" que exige que toquemos las mismas progresiones armónicas y figuras de acompañamiento o rasgueos que siempre hemos usado. Lejos del instrumento, podemos oír ideas musicales nuevas que podemos buscar y encontrar después, usándolo.

El gran compositor Beethoven solía componer en el transcurso de sus caminatas diarias. ¿Puede usted oír acordes, melodías y progresiones armónicas lejos del piano o la guitarra? Ojalá que sí. Deje que el límite de sus composiciones sea su imaginación y no su habilidad en el piano, la guitarra o cualquier otro instrumento que usted toque. Aun puede captar ideas melódicas con una grabadora pequeña. Después de tener toda la melodía muy clara en la mente puede ir a un instrumento para buscar y hacer brotar de él lo que ya ha compuesto mentalmente. Personalmente me gusta componer mientras manejo el automóvil con una grabadora pequeña a mi lado; sobre todo aprovecho los viajes largos para hacerlo. También al salir a caminar disfruto de hacerlo.

Hay que buscar una hora diaria cuando se esté lo más relajado posible. El estrés impide el proceso creativo. He conocido algunos compositores a los que les gusta componer en las altas horas de la noche. Otros prefieren que sea la primera actividad de cada día. Tendrá que buscar el momento más apropiado para usted. Establézcalo ahora para poder aprovechar al máximo este estudio con las actividades prácticas incluidas.

Es importante escribir aun cuando no se tengan ganas de hacerlo. Alguien ha dicho que la composición es 10% inspiración y 90% transpiración. Hay que componer aun cuando no sea obligatorio hacerlo. Cuando componemos sin tener el deseo de hacerlo, nos acostumbramos y encontramos que con más frecuencia tenemos ganas de hacerlo. Dicen que la creatividad es como un músculo que necesita ser ejercitado: cuanto más ejercicio, mayor rendimiento.

En el proceso de componer o arreglar es muy común llegar a un tope que no se puede sobrepasar. Uno se da cuenta de que si sigue componiendo echará a perder la composición; se siente entre la espada y la pared. Cuando esto sucede es importante no sentirse frustrado, sino darse cuenta de que esto es lo normal y, por cierto, una parte integral del proceso creativo. Lo mejor sería dejar de escribir y hacer otra cosa, como salir a caminar, tomar una siesta, hacer ejercicio, retirarse del lugar donde compone generalmente, oír música no relacionada con su trabajo musical o comer un bocadillo. Resulta fascinante que muchas veces la respuesta buscada llega de repente en otro momento no esperado, como en medio de la noche, o al estar tomando un baño.

El gran inventor Tomás Edison entendió este principio muy bien y lo aprovechaba. Cuando llegaba a un punto así, solía tomar una siesta con unas bolitas de metal en su mano extendida sobre una sartén. En el momento de quedarse dormido, la mano se relajaba y las bolitas caían en la sartén, haciendo que despertara. Muchas veces le llegaba, en aquel momento, la respuesta al problema que momentos antes le había parecido sin solución.

Si después de intentar otras ideas no se le ocurre nada para escribir, puede probar una de las actividades siguientes: improvise en su instrumento, trabaje en otra composición (a algunos les gusta tener por lo menos dos composiciones en marcha a la vez), trabaje en otra sección de la composición donde sí sabe lo que quiere hacer, tome una parte de la música o una parte de la melodía y haga tantas variaciones de ella como sea posible aunque le parezca ridículo, o empiece de nuevo después de unos días de descanso.

Finalmente, como dijimos antes, tenemos que escribir ALGO aun cuando no nos guste. Muchas veces, la música más bella que hemos compuesto en nuestra vida resulta después de haber experimentado una traba. A veces componemos un canto sin expectativas muy grandes y que, al final, resulta ser una composición favorita. Practique la disciplina de seguir componiendo aun cuando parezca en vano. Muchas veces el resultado será sorprendente.

Un alumno de composición debe ser también un alumno de creatividad. Entenderlo nos ayuda a trabajar conforme a cómo se manifiesta y a no desanimarnos cuando no resulta como queremos. Teniendo todo esto en cuenta, sigamos con las próximas lecciones en las cuales empezaremos a armar nuestra propia caja de herramientas de composición. Entonces... ¡adelante!

Actividades prácticas

1. ¿Qué hace usted cuando no se siente inspirado para componer, pero quiere o debe hacerlo? ¿Qué debe hacer?

2. Entre la terminación de esta lección y el comienzo de la próxima, dedique 10 minutos por día para estar en silencio delante de Dios. Después, dedique media hora a trabajar en la letra de un canto.

Lección 2

LA LETRA
Cómo empezar y cómo estructurarla

Cuando se trata de la música cristiana no hay nada más importante que la letra. Ésta es el mensaje que queremos compartir con los oyentes a través de la música, que es la vasija en la cual depositamos la letra. Estamos convencidos de que la música es una de las vasijas más poderosas de comunicación que hay en el mundo. Sin embargo, la vasija más hermosa puede ser totalmente inútil si su contenido no es un mensaje digno de su belleza. Pensamos que es mejor empezar con la letra y componer la música después, aunque no tiene que ser obligatorio hacerlo así. Una de las características de un canto bien compuesto es un buen enlace o "matrimonio" entre letra y música: el contenido y la vasija. Es lamentable que muchas personas usen la frase: "Dios me ha dado este canto" como excusa para no mejorar sus habilidades como escritores y/o compositores. No dudo que Dios nos haya dado el canto, pero ya que él ha puesto su parte, espera que nosotros pongamos la nuestra... y se lo merece.

¿Cómo empezar?

Encuentre ideas. Algunos buenos lugares para empezar son la Biblia, los himnarios, sermones, libros cristianos, conversaciones, dichos, modismos populares, entre otros. En cuanto a la Biblia, lea el mismo versículo en versiones diferentes para ampliar su entendimiento, perspectiva e imaginación. Le será útil tener un cuaderno de ideas; entonces, cuando busque una idea para un canto, las ideas que ha guardado en un cuaderno no serán las de siempre, sino aquellas ideas que pueden generar otras.

Empiece con una lluvia de ideas. Escriba una o dos palabras o un versículo de la Biblia en una hoja de papel y escriba todas las palabras, frases o ideas que nazcan de ellas. Aproveche las mejores ideas con el fin de incluirlas en su letra. Evite el error de tratar de incluir todas las ideas en una sola composición. Use solamente las que le parezcan mejores. *Piense en las verdaderas necesidades*, no en las ya satisfechas. Por ejemplo, es dudoso que realmente necesitemos otro canto navideño. Pero hay una escasez de cantos sobre la familia o de acción de gracias. Mis primeros cantos publicados fueron de acción de gracias porque casi nadie se ocupaba de escribir sobre ese tema. Si un tema es una necesidad en su iglesia, puede ser también una necesidad en otras. Antes de empezar conteste las siguientes preguntas:

1. ¿Quiénes serán los oyentes: niños, jóvenes o adultos? Piense en un tema apropiado.
2. ¿Cuál es la función de la composición en el culto? Por ejemplo: ¿un llamamiento a la adoración o un llamamiento al arrepentimiento?
3. ¿A quién se dirige el canto: a Dios, a la iglesia o al mundo para presentarle el evangelio?
4. ¿Cómo se clasifica el canto dentro de los propósitos de la iglesia? ¿Es un canto de alabanza y/o adoración, evangelismo, discipulado, ministerio o compañerismo?
5. ¿Es un tema solamente para mí, mi familia, mi iglesia o mi denominación cristiana, o es para cristianos en el mundo entero? (Es un error pensar que cualquier canto que Dios nos da es necesariamente para el mundo entero simplemente porque vino de Dios. A veces es solamente para mí o para un círculo pequeño de mis conocidos).

Como compositores debemos pedir que Dios nos dé, junto con el canto, el discernimiento sobre la razón por la cual nos lo dio y con quiénes compartirlo. Después de contestar estas preguntas, usted estará listo para escribir un canto apropiado.

Si ha de basar la letra en algún versículo bíblico, *busque un versículo que no haya sido muy usado* porque es probable que otro compositor de mucha más experiencia ya lo ha usado mucho mejor de lo que usted como principiante o yo pudiéramos hacerlo. Si utiliza un versículo usado muchas veces, trate de desarrollar las ideas del mismo de una forma original y diferente. Trate de contribuir con algo nuevo para el cuerpo de Cristo. *No insista en usar las palabras de la Biblia tal y como aparecen si no fluyen bien musicalmente.* Será necesario hacer adaptaciones en ciertos casos. Evite el error de unir una letra con palabras anticuadas con una música contemporánea; esto no es un "buen matrimonio" entre contenido y vasija. Si va a usar música contemporánea es mejor actualizar la letra, aunque sea un versículo bíblico.

Finalmente hay que *leer, leer y leer* las letras de otros compositores. Si no desarrolla el hábito de disfrutar de la lectura, le aseguro que nunca escribirá nada realmente bueno, salvo que sea un genio.

La estructura y la forma de la letra

Es sumamente importante que la letra tenga estructura y forma. Trataremos más ampliamente este concepto en la lección sobre la forma en la música. Basta decir a esta altura que *sin forma la letra no será entendible ni memorable.*

Lo primero que queremos entender es que *hay una diferencia entre la letra de un canto y la de un poema.* Aunque en la letra para la música se usan formas poéticas, existen diferencias importantes. Primera, un poema es completo en sí mismo. La letra en la música requiere algo más para completar la idea. ¿Ha notado que la letra de muchos cantos suena un poco rara cuando solamente es recitada? Es porque no se está oyendo la otra parte del total; es decir, la música. Desde el principio piense en cómo la música completará y complementará el sentido de la letra. Segunda, una letra vocalizada tiene que ser inmediatamente clara porque se comunica en un espacio breve de tiempo. Es tan pasajera que no se la puede volver a analizar después. En cambio, un poema puede ser repasado por la persona leyéndolo tantas veces como sea necesario para captar bien la idea. Y tercera, la letra en un canto no tiene que rimar. Existen otras formas de unir las ideas, las cuales veremos más adelante.

Si usted es principiante, *copie la estructura de las letras clásicas, y las normas, formas y fórmulas de otros escritores, antes de tratar de desarrollar su propio estilo.* Hay que analizar las letras que han pasado la prueba de los años. En el himnario podemos ver varias estructuras de himnos, pero enfocaremos tres de las clásicas. Estas se llaman: Metro Largo, Metro Común y Metro Corto. Daremos un vistazo breve a cada una de ellas porque son los metros más comunes y sirven como guías excelentes para escribir en cualquier "metro". Es importante decir que estos metros existen todavía en la música contemporánea, pero por razones de las leyes de *copyright* (derechos del autor o compositor), solamente veremos ejemplos del himnario. La mayoría de los himnarios, como el *Himnario Bautista* (HB) o el *Himnario de Alabanza Evangélica* (HAE), contienen un índice métrico de tonadas que es útil para estudiar más profundamente lo que estamos por ver. El himnario es un verdadero tesoro de todas las técnicas presentadas en este libro.

El Metro Largo se representa por los números 8.8.8.8.; es decir que cada línea de la letra contiene ocho sílabas, como en el himno de Isaac Watts, "La Cruz Excelsa al Contemplar" (Núm. 109 en el HB/HAE). Separaremos las sílabas para ver claramente cuántas hay en cada línea. Acuérdese que en español se juntan las sílabas de algunas palabras que terminan

Núm. de sílabas	1.	2.	3.	4.	5.	6.	7.	8.	Total
Estrofa 1.	La	<u>cruz</u>	ex -	<u>cel</u> -	sa al	<u>con</u> -	tem -	<u>plar</u>	8
	Do	<u>Cris</u> -	to a -	<u>llí</u>	por	<u>mí</u>	mu -	<u>rió,</u>	8
	Na -	<u>da</u>	se	<u>pue</u> -	de	<u>com</u> -	pa -	<u>rar</u>	8
	A	<u>las</u>	ri -	<u>que</u> -	zas	<u>de</u>	su a -	<u>mor</u>	8
Estrofa 2.	Yo	<u>no</u>	me	<u>quie</u> -	ro,	<u>Dios,</u>	glo -	<u>riar</u>	8
	Mas	<u>que en</u>	la	<u>muer</u> -	te	<u>del</u>	Se -	<u>ñor.</u>	8
	Lo	<u>que</u>	más	<u>pue</u> -	da am-	<u>bi</u> -	cio -	<u>nar</u>	8
	Lo	<u>doy</u>	go -	<u>zo</u> -	so	<u>por</u>	su a -	<u>mor.</u>	8

y empiezan con una vocal para hacer de ellas una sola sílaba. Y así sucesivamente. ¿Ha notado cómo la segunda estrofa está estructurada exactamente como la primera en cuanto al número de las sílabas y cuáles son acentuadas? Sería bueno mencionar a esta altura una regla sumamente importante y a veces difícil de captar: *La letra de cada estrofa con la misma música tiene que ser absolutamente igual en cuanto al número de sílabas y la acentuación de ellas.* Fíjese en las sílabas subrayadas (que llevan acento) del ejemplo anterior. Lea la letra de nuevo y esta vez en voz alta; enfatice las sílabas subrayadas, y podrá oír el metro y el ritmo de la letra. Se recomienda palmear en cada sílaba subrayada para captar claramente los acentos. Hágalo con las letras siguientes también.

Note que los acentos de las palabras de la letra caen en puntos donde también caen los acentos rítmicos. Esto hace que el ritmo fluya naturalmente y se puedan entender las palabras. Vuelva a palmear el himno anterior, pero esta vez palmee en los números impares (1, 3, 5, 7). Es difícil porque los acentos naturales de las palabras no caen allí. Otra vez palmee en los números pares y note lo fácil que es. Así debe ser la letra de nuestra composición.

El Metro Común se representa por los números 8.6.8.6. que indican, como ya hemos visto, el número de sílabas en cada línea de la estrofa. Un ejemplo es la letra anónima, "Oh Dios, Mi Soberano Rey" (Núm. 311 en el HB/HAE).

Núm. de sílabas	1.	2.	3.	4.	5.	6.	7.	8.	Total
Estrofa 1.	Oh	<u>Dios</u>,	mi	<u>So</u> -	be -	<u>ra</u> -	no	<u>Rey</u>,	8
	A	<u>ti</u>	da -	<u>ré</u>	lo -	<u>or</u>;			6
	Tu	<u>nom</u> -	bre	<u>yo</u>	en-	<u>sal</u> -	za -	<u>ré</u>,	8
	San -	<u>tí</u> -	si	<u>mo</u>	Se -	<u>ñor</u>.			6
Estrofa 2.	Tus	<u>o</u> -	bras	<u>e</u> -	vi-	<u>den</u> -	cias	<u>son</u>	8
	De	<u>in</u> -	fi -	<u>ni</u> -	to a -	<u>mor</u>;			6
	Y	<u>can</u> -	tan	<u>con</u>	a -	<u>le</u> -	gre	<u>voz</u>	8
	Las	<u>glo</u> -	rias	<u>del</u>	Se -	<u>ñor</u>.			6

Y así sucesivamente. Lo interesante es que se pueden intercambiar las melodías de los cantos que tienen el mismo metro. De hecho, es lo que hacían hace muchos años cuando era la costumbre, tal como es en muchas iglesias hoy, de tener un himnario que contenía solamente la letra de los himnos. El director de música anunciaba el título de la letra y luego el título de la melodía con la cuál iban a cantarla. Es por eso que en muchos himnarios las melodías tienen sus propios títulos aparte de la letra.

Por último, el Metro Corto se representa por los números 6.6.8.6. Un buen ejemplo es la letra de John Fawcett titulada "Sagrado Es el Amor" (Núm. 260 en el HB/HAE).

Núm. de sílabas	1.	2.	3.	4.	5.	6.	7.	8.	Total
Estrofa 1.	Sa -	gra -	do es	el	a -	mor			6
	Que	nos	ha u -	ni -	do a -	quí,			6
	A	los	que o -	í -	mos	del	Se -	ñor	8
	La	fiel	pa -	la -	bra,	sí.			6
Estrofa 2.	A	nues -	tro	Pa -	dre	Dios,			6
	Ro -	ga -	mos	con	fer -	vor,			6
	A -	lúm -	bre -	nos	la	mis -	ma	luz,	8
	Nos	u -	na el	mis -	mo a -	mor.			6

Y tal vez lo más importante: antes de escribir la segunda estrofa hay que *pensar en el metro de su canto*, sobre todo si no lo ha hecho previamente. ¡Cuántas veces una letra muy bella, con un mensaje precioso, es totalmente inútil porque no se ha puesto atención a esta regla tan importante! Si hay una diferencia entre el número y la acentuación de las sílabas entre las estrofas de una letra es casi imposible ponerle música. Y aun cuando se pueda hacerlo funcionar de alguna manera, resulta difícil de cantar y casi nunca llega a ser un canto duradero por la dificultad que se experimenta al cantarlo. Una prueba útil es ver si usted puede leer su letra con un ritmo tal como leyó en los ejemplos. Una letra compuesta con mucha atención al metro casi parece cantar por sí misma aun antes de compo-

nerle la música. Esto es especialmente importante si otra persona va a ponerle música a su letra.
La repetición de la letra. Esta es muy importante en la música cantada; tan importante como la repetición en las ideas musicales. Además, la repetición en la letra brinda la posibilidad de repetir la música. El oyente se pierde cuando no se repite. *La repetición de la letra es lo que da cohesión a la letra, tanto como la rima a un poema.* Es lo que mantiene el enfoque en las ideas principales. De hecho, es dudoso que exista un solo corito en el mundo entero que no repita varias veces las mismas frases con las ideas principales.

A continuación hay algunos ejemplos de la repetición.

Note que hay momentos cuando hay repeticiones dentro de repeticiones (se utiliza el signo "/" para indicar cuáles frases deben repetirse y cuántas veces):

Ejemplo 1. /// He decidido seguir a Cristo, ///
// No vuelvo atrás. //

Ejemplo 2. // No hay Dios tan grande como tú;
No lo hay, no lo hay. //
// No hay Dios que pueda hacer las obras
Como las que haces tú. //

Ejemplo 3. // Señor, te alabo, Señor, te alabo,
Señor, te alabo con todo mi ser. //
/// Esclavo fui más tú me libraste. ///
Señor, te alabo con todo mi ser.

Tenga en cuenta que por lo general *hay una diferencia entre las estrofas y el coro.* Usualmente las estrofas presentan ideas más completas y el coro (estribillo) presenta un resumen de ellas o describe cómo el escritor se siente en cuanto a ellas. El coro es donde se encuentran tanto el punto clave como "el gancho" de la letra. Muchas veces el coro parece completo sin las estrofas y tiene buen sentido. Hablaremos más sobre el gancho en la próxima lección.

Hasta ahora hemos hablado de cómo empezar a escribir una letra y cómo estructurarla. En la próxima lección examinaremos las características de letras famosas y errores que hay que evitar.

Actividades prácticas

1. Busque en su himnario el índice métrico de tonadas (índice de metros poéticos u otro título parecido). Anote tres títulos que son ejemplos de Metro Largo, Metro Común y Metro Corto (deben ser ejemplos que no hemos usado en este libro).

2. Empiece y mantenga un cuaderno de ideas.

3. Tenga una lluvia de ideas. Anote una palabra o un versículo bíblico en una hoja. Escriba palabras, frases o ideas que se le ocurran. Escoja las mejores para escribir una letra.

4. Escriba la letra de tres cantos de cuatro frases cada uno, utilizando los tres metros ya vistos. Dentro de cada canto debe haber una concordancia perfecta en cuanto al número de sílabas y la acentuación, sin poner atención a una relación en el sentido de las frases entre sí.

5. Analice el metro de los tres ejemplos en esta lección. Imite la forma de uno de ellos, tanto en el número de sílabas en cada frase como en la acentuación de las sílabas. Esta vez escoja y desarrolle un solo tema para la letra utilizando la lluvia de ideas que realizó en el inciso 3.

Lección 3

LA LETRA
Maneras de desarrollarla correctamente

Hasta ahora hemos visto cómo empezar a escribir una letra y cómo estructurarla. Sin embargo, se puede empezar bien, tener una buena estructura y aun así no lograr una letra exitosa. En esta lección vamos a destacar algunas características de la letra de himnos famosos y cómo desarrollarla correctamente.

Características de la letra de cantos famosos

Tiene que ser novedosa y original. Las editoriales siempre buscan algo nuevo y diferente, pero ven lo mismo día tras día. Evite lo prosaico como rimas comunes o frases trilladas. Cuente el mensaje de las buenas nuevas de Jesucristo de una forma diferente y novedosa.

Cada letra necesita un "gancho". El gancho es lo que atrae y capta la atención del oyente. Usualmente llega a ser el título del canto, aunque no siempre es así. Es como la bocina de un auto: nos llama la atención. Y si es una bocina diferente o peculiar nos despierta aun más la curiosidad y el interés. El gancho hace que su canto se distinga de los demás, lo que lo hace único y especial. Muchas veces esta palabra o frase es el punto central de la letra. Por ejemplo, en el corito "Solamente en Cristo" el gancho es la palabra "solamente" que se repite varias veces para enfatizar que Cristo es la única persona en quien se encuentra la salvación. El gancho debe repetirse mucho en el transcurso del canto. Otro ejemplo: en el corito "Demos gracias al Señor" el gancho es la frase "demos gracias" que se repite. Puede ser un juego de palabras memorables como "vamos a cruzar la ciudad con la cruz de Cristo".

La letra debe tener uno o dos puntos clave bien desarrollados y no divagar sin dirección de tema a tema. Con mucha frecuencia escuchamos conferencias así. Al final sabemos que hemos oído muchas lecciones edificantes, pero no podemos recordar exactamente lo que querían enseñarnos. Otro ejemplo es lo que pasa cuando uno va a comprar un perfume: el primer perfume huele bien, el segundo y tal vez el tercero también. Pero después del cuarto ya no podemos distinguir entre los aromas, y empieza a dolernos la cabeza. Mantenga un enfoque claro de lo que quiere decir y dígalo bien para que el mensaje no se quede en el vacío, sino que impacte al oyente.

La letra debe ser *concisa, directa y bien intercalada.* No debe sobrar ni siquiera una palabra. Muchas personas caen en el error de añadir innecesariamente palabras o frases solamente para lograr una rima o cierto número de estrofas. Este es un principio que se denomina "el principio de la conservación de material". En una letra bien escrita cada palabra es de vital importancia; ninguna palabra aparece solamente para llenar un espacio. Es como los edificios grandes de la antigüedad que eran construidos con piedras grandes, sin cemento. Cada piedra era moldeada perfectamente para ocupar su lugar y cumplía una función indispensable. Si se quitaba una piedra, el edificio entero se desplomaba. *Evite mucha palabrería.* Permita que la música contribuya al mensaje.

En una letra bien escrita *cada estrofa es de vital importancia.* Muchas personas escriben letras de cantos de la forma siguiente: escriben una línea que les gusta, y luego otra, y así sucesivamente sin pensar en el mensaje total. Después de haber escrito una estrofa, escriben dos más solamente porque deciden que la canción necesita por lo menos tres estrofas y no porque saben lo que quieren decir en las demás. Para lograr una letra bien escrita *hay que saber lo que se quiere decir a los oyentes en cada parte de la letra —las estrofas, el coro, el puente* (transición entre temas o estrofas)*— antes de escribir la primera palabra.* Conviene hacer un bosquejo con una frase que describa el mensaje de cada parte.

Use palabras descriptivas que no solamente comuniquen ideas, sino que además apelen a todos los cinco sentidos: la vista, el olfato, el tacto, el gusto y el oído. Lea los salmos y vea la riqueza de palabras expresivas que usa el salmista. A continuación encontrará ejemplos de frases de cantos conocidos que demuestran lo que estamos diciendo. Después de cada ejemplo hay un espacio para que usted anote los sentidos mencionados.

Dios está aquí, tan cierto como el aire que respiro,
Tan cierto como en la mañana se levanta el sol,
Tan cierto como que le canto y me puede oír.
(Himno núm. 40 de *Cantos de Alabanza y Adoración*)

Sentidos usados: _____

La vida se va como el viento, se va como se va la niebla.
Fugaz es cual flor de la hierba, que en la mañana es y en la tarde ha muerto.
(Himno núm. 489 del HB/HAE)

Sentidos usados: _____

En mi sed siempre he buscado una fuente do beber;
Y esperaba que esas aguas me calmaran mi honda sed.
¡Aleluya! Lo he encontrado, a Jesús, quien me ama a mí.
Satisfecho me ha dejado; por su sangre salvo fui.
En mi hambre yo comía sin mis fuerzas aumentar;
Lo mejor siempre quería sin poderlo alcanzar.
¡Aleluya! Lo he encontrado, a Jesús, quien me ama a mí.
Satisfecho me ha dejado; por su sangre salvo fui.
(Himno núm. 321 del HB/HAE)

Sentidos usados: _____

Una mirada de fe, una mirada de fe
Es la que puede salvar al pecador.
(Coro anónimo)

Sentidos usados: _____

Cristo es la peña de Horeb que está brotando
Agua de vida saludable para ti.
Ven a tomarla que es más dulce que la miel;
refresca el alma, refresca todo tu ser.
Cristo es el lirio del valle de las flores;
Él es la rosa blanca y pura de Sarón.
Cristo es la vida y amor de los amores;
Él es la eterna fuente de la salvación.
(Coro popular anónimo)

Sentidos usados: _____

Finalmente, la última línea de la letra debe comunicar el pensamiento final que quiere dejar en los oyentes. La primera línea o el gancho de la letra es lo que llama la atención inicial del oyente. La última línea es el pensamiento final que desea dejar en ellos; así que considere cuidadosamente lo que quiere lograr. Es esencial empezar y terminar bien. Si empieza con un buen gancho llamativo y termina con un pensamiento final apropiado, habrá logrado el objetivo más importante de la letra.

Errores que hay qué evitar

Piénselo bien antes de usar *palabras anticuadas (arcaísmos), conjugaciones y formas verbales en desuso, palabras de otros idiomas, palabras técnicas de poco uso, jergas populares, modismos de poco alcance y conceptos teológicos raros.* Generalmente es mejor evitar cosas así. Las palabras antiguas y conjugaciones y formas verbales en desuso no ayudan a que su letra sea novedosa ni original. A algunos les gusta usar la letra de himnos antiguos o pasajes de la Biblia pero, como dijimos en la lección anterior, si se le va a poner música contemporánea, hay que actualizar las palabras para que haya un mejor matrimonio entre letra y música.

Palabras de otros idiomas, palabras técnicas de poco uso, jergas populares y modismos de poco alcance impiden que la letra sea perdurable y de mayor alcance. Pregúntese: ¿Tiene sentido solamente en mi comunidad, ciudad o país, o puede ser disfrutada por gente en todo el mundo de habla hispana? ¿Tiene sentido solamente para una generación, o podrán disfrutarla los cristianos a través de los años? En cuanto a conceptos teológicos raros o complicados, puede ser que un canto no sea el mejor lugar para tratar ciertos temas polémicos que requieren un nivel de explicación más allá del alcance de una letra.

Rimas forzadas. La letra no tiene que rimar. Por ejemplo, no hay nada peor que una rima forzada que requiere que se ponga la oración al revés. (Vea el punto siguiente.) La tendencia a rimar tiene que ver más con la poesía que con la música. Es una técnica poética para conectar el sentido de las palabras cuando no hay otra forma de hacerlo. En la música, esto se logra con repeticiones de frases y fragmentos musicales a través de la forma de la letra y la música. (Esto se trata más a fondo en la próxima lección). Una letra sin rima puede parecer un poco vacía al leerla sin música, pero cuando se le agrega la música cobra sentido y suena completa.

Oraciones al revés. Como acabamos de decir, es común ordenar oraciones al revés para lograr una rima innecesaria. También se hace para lograr el número de sílabas o acentuaciones correctas. Sea como fuere, es algo que debemos evitar. Hacerlo resulta en frases que suenan demasiado trabajadas que hacen sentir incómodo al oyente, y a veces cambian radicalmente el sentido de la oración. Un ejemplo sería decir algo como: "Soberano es Cristo Jesús, mi Rey" en vez de: "Jesús es mi Rey soberano". Es como tratar de meter un bloque cuadrado en un hoyo redondo.

Errores gramaticales. No deben cometerse errores gramaticales con el fin de que otros aspectos de la letra funcionen. Es siempre triste ver cuando un escritor ha puesto mucha atención en las sílabas y la acentuación en las estrofas, pero termina rompiendo la estructura para corregir un error gramatical.

Se debe evitar también que haya cambios de persona y tiempo. Generalmente debe haber coherencia en cuanto a la persona y el tiempo de la letra. Por ejemplo, no mezclar "tú", "ustedes" y "vosotros", ni mezclar el tiempo pasado con el tiempo presente, a menos que haya una buena razón para hacerlo.

Doctrina equivocada. Si ha de usar la letra en un canto para uso eclesiástico, es indispensable poner mucha atención en la doctrina de la letra. Sería una buena idea pedirle a su pastor que revise los conceptos doctrinales de su letra antes de terminarla. En una letra cristiana, la Palabra de Dios tiene que ser el elemento más importante. La letra no es más que una puerta que lleva a las Sagradas Escrituras.

Palabras muy largas o las que no se pueden cantar fácilmente. Resulta mejor usar siempre las palabras más cortas y concisas. Como regla general es mejor no usar palabras con más de tres sílabas, si es posible.

Diferentes tipos de letras

Hay varios tipos de letras. Sería imposible hacer una lista exhaustiva pero las siguientes son algunas de las más usadas:
1. *Testimonios o expresiones personales.* La mayoría de los himnos son de este tipo.
2. *Adaptaciones de versículos bíblicos.* Hay un sinnúmero de coritos bíblicos sencillos de este tipo.
3. *Letras que cuentan una historia.* A todos nos gustan los relatos. ¿Ha notado usted cómo le pone más atención al pastor cuando empieza a contar un relato? Jesús siempre usaba historias, llamadas parábolas, para enseñar. Hay una escasez de letras de este tipo en la iglesia de hoy y es tal vez lo que más necesitamos.
4. *Sermones hímnicos.* Muchos de los autores de los himnos más famosos eran pastores que pusieron sus sermones en la forma de un himno para que la gente pudiera recordarlos mejor. En la actualidad pocos pastores escriben letra de cantos. Se dice que la gente capta más teología de los cantos que de los sermones. Lamentablemente muchos pastores han dejado a personas

menos preparadas teológicamente la tarea de escribir la música de la iglesia.
5. *Letras que hacen preguntas.* Son letras que nos hacen pensar en realidades espirituales. A veces dan la respuesta y a veces no.
6. *Sus propias ideas.*

Preguntas sobre la letra
¿Cómo sé si algo que he escrito es bueno o no? Dele tiempo. Algo que puede parecerle genial hoy puede parecerle terrible días después. (Muchas veces lo genial que uno escribe a medianoche no lo parece tanto a la luz del día). Si es bueno, usualmente va a cautivar su mente por muchos días. Y, más importante que nada, busque el consejo de varias personas a quienes usted respeta y con quienes tiene una relación honesta y abierta. Recuerde que la reacción de usted a sus consejos determinará la franqueza de ellos la próxima vez que solicite su consejo u opinión.

Si otra persona compone la música, ¿qué hago? Si piensa darle su letra a otra persona para que componga la música, le ayudará mucho, al momento de escribirla, tener una melodía cualquiera en mente, la cual no necesariamente tiene que compartir con el compositor de la música. Inclusive, puede ser la melodía de un canto conocido. Esto puede ayudarle a seguir muchos de los consejos dados aquí y en la previa lección en cuanto al número de sílabas de cada línea, y la coordinación entre los acentos gramaticales y los musicales.

Conclusión
¿Por qué decimos que los creyentes reciben mayor influencia teológica de los cantos que cantan en la iglesia que de los sermones que oyen? Porque un canto aprendido permanece con uno por la unión de los elementos musicales con la letra y por la mucha repetición. Muchas veces no podemos recordar el sermón de la semana pasada por la falta de repeti-

ción de los elementos antes mencionados; es decir, que los autores de letra tienen una responsabilidad muy grande. Y, como dijimos antes, muchos de los grandes autores de letra del pasado eran pastores: Isaac Watts, Charles Wesley, Adolfo Robleto, Vicente Mendoza y Rafael Enrique Urdaneta entre otros. Ojalá vuelva el tiempo en que las personas más preparadas teológicamente escriban la letra de nuestros cantos y que todos los que quieren escribir letra se preparen también teológicamente.

Actividades prácticas

1. Tome una de las características presentadas sobre la letra del canto (como el uso de palabras descriptivas o la necesidad de un gancho) y busque cinco ejemplos de ella en un himnario, cancionero o pasaje poético de la Biblia, como los salmos. Anote el punto clave del canto.

2. Busque y apunte tres ejemplos de cada tipo de letra mencionada.

3. Escoja dos tipos de letra mencionados en esta lección y escriba dos estrofas de cada uno.

4. Al terminar de escribir cada letra en el inciso 2, use la siguiente lista para comprobar si llena las características de una letra adecuada:
    ___ Tiene doctrina sana.
    ___ Llena una necesidad.
    ___ La letra de cada estrofa que ha de usar la misma música es perfectamente igual en cuanto al número de sílabas y la acentuación de ellas.
    ___ Hay repetición apropiada de palabras y frases.
    ___ Es novedosa, original y presenta una perspectiva diferente del tema tratado.

___ Tiene un gancho.
El gancho de mi canto es: _____.
___ Tiene solamente uno o dos puntos clave que son:
1. _____ 2. _____.
___ Es concisa, directa y bien organizada y no tiene palabras innecesarias.
___ No contiene palabras anticuadas o de poco uso, rimas forzadas, errores gramaticales, cambios innecesarios de persona o tiempo, doctrina equivocada o palabras muy largas.
___ Usa palabras descriptivas.

Si su letra llena todos estos requisitos, ¡felicitaciones, porque ha escrito una letra que seguramente tendrá mucho éxito!

Lección 4

LA FORMA EN LA MÚSICA

La música consta de cinco elementos: el ritmo, la melodía, la armonía, la textura o el color tonal y la forma. Ya vimos la letra, la cual está sumamente relacionada con el ritmo. En esta lección trataremos la forma.

Las bases de la forma
La forma en la música es el elemento que pocos compositores entienden al principio, pero es uno de los elementos más importantes en la composición musical. Imagine un arreglo de flores sin forma u organización, o un edificio sin estructura, equilibrio o simetría. La forma es lo que hace que la presentación sea agradable y memorable, además de ser el pegamento que une todos los elementos de la composición para que pertenezcan entre sí. La forma es el marco de nuestro cuadro musical o la percha en la cual colgaremos nuestras ideas.

Sin la forma la música cae al vacío. Es un poco como lo que hacemos al estudiar para un examen en la escuela. Mentalmente buscamos estructuras en la información que estamos estudiando para memorizarla y recordarla mejor. De la misma manera, si usted quiere que su canto, y sobre todo el mensaje de su canto, sea memorable debe darle forma o estructura.

Hay una estructura en cada nivel de la música y puede verse desde los elementos más pequeños hasta los más grandes. Los compositores arman formas grandes sobre formas pequeñas y sobre formas pequeñísimas también. En la lección 5 sobre la melodía hay instrucciones sobre cómo hacerlo pero, por ahora, solamente queremos ver que esas formas existen.

Se indican las partes principales de la forma por medio de letras mayúsculas como "A" y "B". Una repetición con variación de una sección "A" se indica con "A' " (A primo), y si se repite otra vez con otra variación, se indica con "A" ". Se indican las partes menores de la forma con letras minúsculas como "a" y "b". A veces podemos ver la forma a través de las repeticiones en la letra del canto, que también tiene su propia estructura y forma. Estas son las formas más usadas (las expresiones entre paréntesis indican los géneros musicales más representativos para cada una):

1. A-B-A
2. A-A-A' (coritos)
3. A-A'-A" (tema y variación)
4. A-A-B-A' (estrofa, estrofa, puente, estrofa: así es la mayoría de los arreglos corales)
5. A-B-A-B (estrofa, coro, estrofa, coro; así es la mayoría de los himnos)
6. A-A-B-B (coritos)
7. A-B-A-C-A-B-A (música instrumental)

Ahora es un buen momento para mencionar un principio importante para cualquier persona que quiera llegar a ser compositora: *Empiece copiando y dominando las técnicas de composición de la música exitosa de compositores famosos, antes de tratar de hacer algo 100% original.* Así es como se aprende el arte de la composición. Después, cuando haya dominado bien esas técnicas, puede empezar a procurar tener su propio estilo. Usted puede inventar sus propias formas pero debe hacerlo después de haberse compenetrado de las formas más usadas que más han dado prueba de su valor a través de los años.

Las formas se aplican primero a las frases de la melodía, después a las diferentes melodías en el canto y después al arreglo del canto entero. Así que hay formas enteras dentro de formas más grandes, etc. Desde el inicio de su composición hasta el arreglo final, debe tener en cuenta estas formas para que las ideas musicales presentadas tengan sentido para el oyente.

Algunos de los cantos anónimos que se usan en nuestras iglesias nos dan ejemplos excelentes de buena forma. ¿Por qué han sido tan populares y por qué han seguido siendo de bendición tantos años, mientras otros cantos han caído en el olvido? La razón es que la excelencia de sus formas (organización y estructura) da resultado, y por eso han sido más memorables y perdurables que otros. Es como una buena propaganda en la radio o la televisión que nos hace recordar un producto o servicio.

Una buena prueba para ver si su canto es bueno o no, es si es pegadizo para usted y los demás. Si no puede apartarlo de su mente o si oye a otras personas cantándolo o silbándolo, puede estar seguro de que está en buen camino. Cuando alguno de mis estudiantes me trae una composición nueva, siempre le quito la partitura y le pido que me cante la melodía sin verla. Si él mismo no puede recordar lo que escribió, menos lo hará el público. Cuando estoy trabajando en un canto en la casa y de repente oigo a alguien de la familia cantando o silbando la melodía, entonces me doy cuenta de que estoy trabajando en un canto que tiene buenas posibilidades.

Es necesario presentar ideas musicales y desarrollarlas después. Esta es una de las claves para que cualquier música perdure, y es la diferencia principal entre mala y buena música. La buena música nos presenta ideas musicales y las desarrolla. La música mediocre solamente nos presenta ideas musicales sin desarrollarlas.

No use más de dos o tres temas musicales en una sola composición. Si se presenta solamente un tema, rápidamente se aburrirá al oyente. Si se presentan dos o tres temas, se podrá mantener el interés del oyente mas fácilmente y cada tema se hace más fuerte debido al contraste entre ellos. Es como una cena: con solamente un tipo de alimento en el plato nos aburrimos del mismo sabor. Con una variedad de alimentos en el plato podemos variar el sabor, la textura y el color y así disfrutarlos mejor. Por otra parte, si se incluye demasiada variedad de alimentos en el plato, difícilmente se apreciará alguno de ellos. De la misma manera, una sola idea musical puede producir aburrimiento. Si son dos o tres se disfrutarán mejor. Si se presentan cuatro o más temas, no se podrán recordar o distinguir los "sabores" después de la cena musical.

Uno de los errores más grandes en el que caen muchos compositores principiantes es presentar demasiadas ideas sin poder desarrollar suficientemente ni siquiera una de ellas. O, como dijimos antes, es como comprar un perfume: después de probar tres o cuatro tipos diferentes, todos parecen iguales. Recuerde que Beethoven escribió su renombrada quinta sinfonía basándose enteramente en cuatro notas. Como ya hemos visto y veremos en las lecciones siguientes, éste es un principio importante no solamente para la melodía sino también para la letra, el acompañamiento, el arreglo, en fin, para cada aspecto de la composición musical.

Ejemplos de la forma

A continuación tenemos algunos ejemplos que ilustran lo que hemos venido diciendo. Hay varias maneras de analizar un canto, pero lo más importante es ver la manera como las partes de la música se relacionan entre sí.

La idea musical de "Hay vida" es:

Ejemplo 4-1: Idea musical de "Hay vida"

Ahora veamos cómo una idea musical se desarrolla en una composición. Las ideas musicales pequeñas se juntan para formar ideas musicales más grandes, y así sucesivamente.

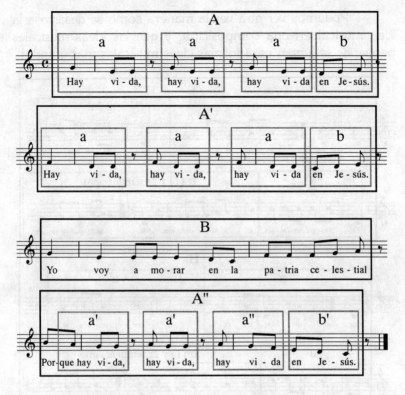

Ejemplo 4-2: Análisis de la forma de "Hay vida"

Esta es una estructura clásica de A-A-B-A. Note que la diferencia entre "a" y "a' " es el uso del intervalo de la segunda en vez de la tercera. También, vea que "b' " es lo opuesto a "b"; es decir, que "b" asciende mientras "b' " desciende.

Ahora veamos otro coro con una estructura un poco diferente:

La idea musical de "Ninguna religión" es:

Ejemplo 4-3: Idea musical de "Ninguna religión"

Podemos ver otra vez la manera como se desarrolla la idea musical en una composición, y que las ideas musicales pequeñas se juntan para formar ideas musicales más grandes:

Ejemplo 4-4: Análisis de la forma de "Ninguna religión"

Esta es una forma clásica de A-A-B-B con las repeticiones de la música. Es interesante notar que la única diferencia entre "a" de la sección "A" y la sección "B" es la ausencia de una nota en la "B". También, es interesante notar que este canto sigue una regla muy usada en el desarrollo de ideas musicales: *hacerlo dos veces y luego hacer una variación.* La primera vez ("a") es para presentar la idea. La segunda vez ("a' ") es para establecer una norma. La tercera vez ("a" ") se cambia la norma y la expectativa con el fin de mantener el interés del oyente.

Cómo retener el interés del oyente
La necesidad de mantener el interés del oyente puede ser el reto más grande de cualquier compositor y tenemos que darle mucha atención. Hay varias cosas relacionadas que podemos hacer para lograrlo. Como ya dijimos, podemos:
1. *Crear expectativas y luego no cumplirlas.* Es un concepto que debemos aplicar a cada aspecto de nuestra composición. Ya vimos la idea de hacer algo dos veces y luego cambiarlo, pero también se puede hacerlo de otras formas. La idea es de variarlo en el momento menos esperado.

¿A quién le gusta seguir leyendo un libro o mirando una película cuando ya sabe lo que ha de suceder? A muy pocas personas. El suspenso y la expectativa pican nuestra curiosidad y deseamos seguir adelante para ver lo que pasa. Una forma sencilla de mantener el suspenso es cambiar direcciones. Los oyentes creen que la música va a ir en cierto rumbo, y luego se cambia; pero no siempre, para no frustrarlos. Es como una película de misterio: nos hace pensar que el asesino es la criada, luego el mayordomo, hasta el final cuando se revela la sorpresa inesperada que en realidad el asesino es... bueno, usted puede imaginarlo, ¿no?

2. *Hacer cambios mientras que los oyentes aún están disfrutando lo que están escuchando.* Usted no quiere que se aburran antes de hacer un cambio. Los oyentes pasan por los pasos siguientes:

1. quieren oír algo,
2. lo disfrutan,
3. se sienten satisfechos por lo que oyen y
4. se aburren con ello.

Por ejemplo, hay que presentarles la música "A". Los oyentes la disfrutarán y se sentirán satisfechos; luego, antes de que se sientan aburridos, hay que cambiar a la música "B". Después se puede regresar a la música "A". Los oyentes entonces estarán en el paso "1" (querer oírla de nuevo), pero esta vez irán pasando de un paso a otro más rápidamente que antes, y hay que tenerlo en cuenta.

3. *Presentar algo imprevisto con frecuencia.* En estos días de radio y televisión la frecuencia de lo imprevisto va en aumento. Más y más negocios comerciales tratan de llamarnos la atención con anuncios que contienen mensajes inesperados. Sólo hay que ver una película de hace 20 años y una película de hoy en día, para ver que la frecuencia de la acción es mucho más rápida hoy.

4. *Contar la historia de tal forma que no tenga sentido sino hasta el final.* Es como el final de un chiste: uno no entiende hacia dónde lo lleva o cuál es el propósito del chiste hasta que llega al final inesperado. En ese momento entendemos por primera vez el propósito de todo lo que vino anteriormente. Es como presentar un sendero de migajas a los oyentes para llevarlos a un final inesperado, emocionante y satisfactorio: un banquete culminante.

En fin, si pone mucha atención a la forma de sus cantos, usted puede estar seguro de que va a presentar a los oyentes música mucho más interesante y memorable, y esto es exactamente hacia donde debe apuntar: que el mensaje de la letra a través de la música capte la atención y el interés del oyente, y que éste se fije en su memoria.

Actividades prácticas

1. Analice la forma de tres coritos y dos himnos conocidos para ver cómo fueron estructurados. Empiece buscando la idea o las ideas musicales de cada canto. Ponga atención a las estructuras pequeñas ("a", "a' ", etc.) dentro de las estructuras más grandes ("A", "B", etc.). Escriba la estructura usando estructuras pequeñas y estructuras más grandes como hicimos en los ejemplos presentados en esta lección.

2. Escriba un canto original usando la misma forma de uno de los cantos que usted ha analizado en el inciso 1.

3. Invente una forma con una estructura bien reconocible utilizando los conceptos presentados, y componga un canto que se conforme a ella, con las mismas repeticiones.

4. *(Opcional)*. Si ha compuesto un canto en el pasado, analice su forma. ¿Tiene una forma o estructura como la estudiada en esta lección? ¿Puede mejorarla? ¿Cómo?

Lección 5

LA MELODÍA

La parte más básica de la música es la melodía. Lamentablemente, es casi imposible enseñar cómo componerla. Tan pronto como se escribe una regla estableciendo lo que es y lo que no es una buena melodía, se puede encontrar un ejemplo de una melodía famosa que rompe esa regla. Más bien, componer melodías es algo dado por el Creador a todos sus hijos. Así que, aun si no sabe cómo escribir o leer música ni tocar un instrumento, a lo mejor puede componer lindas melodías al seguir los consejos de esta lección y con un poco de paciencia y práctica.

La melodía es el elemento con el cual la mayoría de los oyentes puede identificarse más y, por esto, debemos ponerle mucha atención. He oído a muchas personas tarareando o silbando una melodía favorita pero nunca una armonía o un ritmo, aunque a través de la melodía ellos pueden, en la mente, oír el arreglo entero. La melodía es el elemento de la música que los oyentes recordarán más, el elemento que llevarán consigo, y la llave que abre su memoria a los demás elementos, sobre todo la letra. Ahora hablaremos de algunas pautas que nos pueden ayudar en la composición de la melodía.

Pautas a seguir para componer melodías

En la primera lección acerca del proceso creativo hablamos del *error de componer dependiendo de un instrumento*. Este error puede dañar una melodía más rápidamente que cualquier otro componente musical. Por lo general, una melodía compuesta con un instrumento suena "trabajada" o "artificial"; no fluye naturalmente como debe. Es como tratar de forzar un bloque cuadrado en un hoyo redondo. Si compone su música sin un instrumento, aumentará la posibilidad de componer una melodía que fluya naturalmente del alma. Después, las armonías, los ritmos y los acompañamientos instrumentales pueden y deben someterse a la melodía.

En la Lección 2 sobre la letra hablamos de la importancia de *pensar en quiénes serán los oyentes* y escoger temas apropiados. Ahora, en cuanto a la música, hay que pensar en ellos de nuevo y *también en quiénes van a interpretarla*. Si es para niños, por ejemplo, hay que escoger no solamente un tema adecuado, sino una melodía más sencilla con un vocabulario armónico más básico. Es contraproducente escribir música fuera de la habilidad de los que van a interpretarla. Hay que saber los rangos aceptables de las voces y los instrumentos que pueden usarse. Hay que tener en cuenta también la edad y habilidad musical de los músicos. (Vea la Lección 8 sobre las voces para ver los rangos aceptables y el ejemplo 5-14 en esta lección).

Un buen matrimonio entre letra y música asegura el tiempo que perdurará el canto. No se debe poner una melodía muy divertida o ligera a una letra seria, por ejemplo, acerca de la muerte de Jesús. No debe ponerse una melodía muy contemporánea a un vocabulario o modismos anticuados. En términos generales, la letra comunica una idea y la música comunica las emociones relacionadas con ella. Hay que considerar la letra muy bien para captar su espíritu y poder escribirle una melodía adecuada.

Juan Sebastián Bach, el gran compositor de música barroca, y los compositores de la era musical romántica, eran maestros en lo que se llama *pintar la letra con tonos musicales*. Esta técnica va mas allá de solamente comunicar las emociones de la letra. También ilustra las palabras de determinada letra. Por ejemplo: se usan corcheas bajando rápidamente en la palabra "agua" o "fluir" o se usa una nota muy aguda en la palabra "cielo" o una nota grave en la palabra "tierra". Son posibilidades limitadas solamente por la imaginación humana. (Vea ejemplos 7-13, 7-14, 7-15 y 7-16 en la Lección 7 sobre el acompañamiento).

Debe haber una coincidencia total entre los acentos

de las palabras y los acentos rítmicos de la melodía. En las lecciones sobre la letra hablamos de cómo estructurarla en cuanto al número de sílabas y sus acentuaciones. Ahora, la música tiene que coincidir con ella. En la música, los acentos naturales se encuentran en los tiempos siguientes, de acuerdo con la cifra del compás del canto:

Cifra de compás	Tiempos acentuados
2 por 4	1
3 por 4	1
4 por 4	1 (fuerte) y 3 (no tan fuerte)
6 por 8	1 (fuerte) y 4 (no tan fuerte)

Ejemplo 5-1: Tiempos acentuados en varias cifras de compás

Además, se puede lograr un acento melódico brincando a una nota más aguda, usando una nota más larga o con el uso de la síncopa. (*Síncopa* significa mover o trasladar temporalmente uno o más acentos del compás a otro lugar mientras que se mantienen los acentos normales en otra parte de la música. Es una técnica común en la música contemporánea).

Hay que recordar que *un cantante o un músico que toca un instrumento de viento necesita respirar entre las frases*, así que es necesario dejarle silencios en la melodía para que pueda hacerlo. Al hacerlo, *hay que recordar que los descansos (silencios) en la melodía deben concordar con los descansos (pausas) en la letra*. Una oración pierde su sentido si la dividimos entre dos frases musicales. Sería una técnica inapropiada decir, por ejemplo: "yo quiero que se-..." (pausa larga) "...pas, Señor, que te amo con todo mi ser". Así que ¿por qué hacerlo en la música? Tiene que cambiarse la música o la letra. Para ser un buen autor de letra hay que tener todo esto en cuenta.

En la Lección 3 sobre la letra hablamos de *la importancia de un gancho*. Es necesario que también la música contenga un gancho, algún fragmento musical o ritmo que parece decir: "yo soy nuevo, diferente e interesante. ¡Escúcheme y le va a gustar!". El gancho funciona como una señal que le da al oyente curiosidad por lo que sigue. Como dijimos antes es parecido a la bocina de un automóvil, distinta a las demás, que capta nuestra atención. Muchas veces, con ese mismo propósito, los predicadores empiezan un sermón relatando un chiste. Seguramente que es para despertar un poco a los oyentes, pero también es para crear una expectativa por lo que sigue.

Técnicas en el desarrollo de una melodía

En la Lección 4 sobre la forma, vimos dos cosas importantes: (1) *cada melodía tiene como base una idea musical* (vea p. 34). Esta puede ser el gancho de la música, pero no necesariamente, porque el gancho puede estar en el acompañamiento, la instrumentación u otra parte de la música. También dijimos anteriormente que (2) *es mejor escoger solamente dos o tres ideas musicales para desarrollar* (vea pp. 33, 34). Antes de seguir repase la Lección 4 sobre forma, o léala si no lo ha hecho ya.

A continuación veremos una lista de las técnicas más comunes en el desarrollo de una melodía, comenzando con una idea musical. Verá la misma idea musical en cada ejemplo para poder ver su evolución a través de cada uno de ellos. Si sabe cómo tocar el piano u otro instrumento, toque cada ejemplo para captar mejor los conceptos presentados.

1. *Pregunta y respuesta.* La primera idea musical nos hace una pregunta. En la tonalidad* de Do, la pregunta usualmente termina en Sol. La segunda idea da la respuesta y termina otra vez en Do.

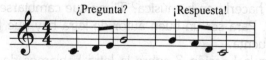

Ejemplo 5-2: Pregunta y respuesta

*En este libro se usará el término "tonalidad" para referirse al centro tonal con el cual todos los tonos de la composición están relacionados, para evitar confusión con los otros significados del término "tono".

2. *Repetición*. Volvemos a decirlo: la repetición es de vital importancia en la música. El ejemplo siguiente lo ilustra. Ilustra también la técnica presentada en la Lección 4 de repetir y luego variar.

Ejemplo 5-3: Uso de repetición

3. *Secuencia*. Esta es una técnica muy común. La idea es ir subiendo o bajando el tono en el cual empieza la idea musical por el intervalo (la distancia entre las notas) de la segunda u otro intervalo, como en el ejemplo siguiente:

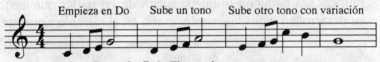

Ejemplo 5-4: El uso de secuencias

4. *Cambio de intervalos*. En esta técnica se mantiene la idea básica original pero van cambiando los intervalos. En el ejemplo siguiente se ha indicado la diferencia en el primer intervalo de cada idea musical, pero se puede notar que hay cambios también en los demás intervalos.

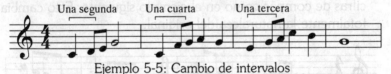

Ejemplo 5-5: Cambio de intervalos

5. *Disminución o aumento*. Esto es un cambio en la duración o valor de las notas. Disminución significa cortar la duración (usualmente por la mitad), y aumento significa alargarla (usualmente el doble).

Ejemplo 5-6: Disminución y aumento

6. *Extensión o amplificación de la idea musical con material nuevo semejante al original.* Se puede ver fácilmente en los ejemplos siguientes que el material nuevo viene del original.

Ejemplo 5-7: Extensión y amplificación

7. *Desarrollo de la idea musical por partes.* Aunque la idea musical sea pequeña se puede subdividir en partes que luego se desarrollan individualmente, como en el ejemplo siguiente:

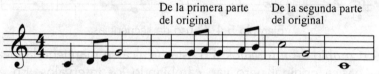

Ejemplo 5-8: Desarrollo de una idea musical por partes

8. *Cambio del ritmo o de la cifra de compás.* Se pueden lograr variaciones muy interesantes con cambios de ritmo o de cifras de compás como en el ejemplo siguiente. Esto cambia totalmente la naturaleza del original:

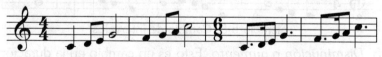

Ejemplo 5-9: Cambio de ritmo o cifra de compás

9. *Inversión.* La idea es cambiar la dirección y/o la duración de las notas al escribirlas al revés. En la figura siguiente podemos ver ejemplos de todas las variaciones posibles de nuestra idea musical.

Ejemplo 5-10: El uso de inversiones melódicas y de ritmo

10. *Colocación de toda la idea musical o de una porción en un instrumento u octava diferente.* Esta es una técnica común en arreglos instrumentales y corales. La idea es subdividir la idea musical entre instrumentos o voces, ponerla en octavas diferentes o hacer una combinación de las dos. También, se puede tomar una porción y desarrollarla en una contramelodía que suena al mismo tiempo que el original.

Ejemplo 5-11: División de ideas musicales en instrumentos y octavas diferentes

11. *Adornos agregados a (o quitados de) la idea musical.* Esto se logra agregando (o quitando) notas extra antes, después o entre las del original, o agregando (o quitando) adornos como trinos y/o mordentes (vea también el ejemplo anterior).

Ejemplo 5-12: Uso de adornos

12. *Evolución de la idea musical.* El objeto es hilar o darle vueltas a la idea musical, presentando nuevas ideas ligadas al original e ir más y aún más lejos de la primera idea. Queremos aprovechar totalmente cada idea musical y desarrollarla hasta el máximo.

Ejemplo 5-13: Proceso evolucionario

En el ejemplo 5-13 podemos ver la secuencia siguiente:
1. Empezamos con dos notas y una idea musical aun más sencilla que la que hemos usado hasta ahora (3).
2. Hemos disminuido el valor rítmico de las primeras dos notas y agregado otra.
3. Hemos llegado, finalmente, a la idea musical original de nuestros ejemplos. Hemos disminuido el valor rítmico de la segunda y tercera notas y además, agregado otra.
4. Hemos aprovechado la idea musical para que ocupe ahora una octava entera.
5. Y finalmente, hemos invertido la original. En vez de subir de Do a Sol, la idea musical va bajando de Do a Sol. Así se puede seguir desarrollando y aprovechando la idea. El ejemplo más famoso de esta técnica es la quinta sinfonía de Beethoven, quien con una idea musical de solamente cuatro notas desarrolló una sinfonía entera.

Es genial usar esta técnica en las introducciones de los cantos. De esta manera se puede oír el nacimiento de la idea musical que está por presentarse. Cuando se oye la idea en su plenitud por primera vez, ésta suena familiar y como si perteneciera allí aunque los oyentes no la hayan escuchado antes.

Y no olvide *sus propias ideas*. Hay un sinnúmero de maneras de desarrollar una idea musical. Ojalá que las ideas anteriores le hagan pensar en otras.

El equilibrio

Ahora, vamos a hablar de otros consejos importantes. La palabra "equilibrio" nos puede ayudar en todos los aspectos de la composición de la música. Hay que mantener un equilibrio entre:
1. *El movimiento melódico por tonos y por saltos.* Varíe

el movimiento entre saltos y pasos para hacer que la melodía sea más interesante.
2. *Los extremos del rango de la melodía.* Si se mantiene la melodía en la parte más aguda del rango por mucho tiempo, los cantantes o instrumentistas se cansarán pronto.
3. También, hay que mantener *un equilibrio entre la música ejecutada por los cantantes y la interpretada por los instrumentista.* No queremos cansar a unos y aburrir a otros.
4. *La repetición y la variación.* Si hay demasiada repetición, la música suena aburrida. Si hay demasiada variación, el oyente pierde "el hilo" de la conversación musical y no le encuentra sentido. El saber cuántas veces repetir algo y cuándo variarlo es un arte muy delicado. Un equilibrio apropiado en esta área asegura el interés de los oyentes y una experiencia más agradable.
5. *La tensión y el descanso.* Hay que entender la escala y cuáles notas son de tensión y cuáles de descanso y a dónde quieren llevarnos las notas de tensión. Las notas de descanso en la escala de Do mayor, por ejemplo, son las notas Do, Mi y Sol. Re se dirige hacia abajo a Do, Fa, hacia abajo a Mi, La, hacia abajo a Sol y Si, hacia arriba a Do.
6. *Los pasajes lentos y rápidos y las notas largas y cortas.* Se dice que "en la variedad está el gusto". Varíe la duración de las notas para hacer la composición más interesante musicalmente. La letra puede guiar al compositor en este sentido, pues sugiere paz o emoción. También las palabras, al ser pronunciadas, tienen su propio ritmo natural que sugiere varias figuras de notas.

Otros consejos sobre la melodía

Una melodía necesita movimiento o dirección. No debe sonar estática. Una melodía que permanece horizontal girando alrededor de una sola nota suena monótona y aburrida. Es como una persona que habla mucho sin modular el tono de la voz. Es difícil ponerle atención aun cuando sea algo que podría interesarnos. Una buena melodía nos lleva a un clímax como la culminación de un buen cuento o las palabras que finalizan un chiste. Como compositor, tiene que saber dónde está ese momento en su canto y saber cómo llevar a los oyentes a él, aprovechando el suspenso y dándoles sorpresas y/o cambios inesperados de dirección en el camino para lograr una melodía realmente interesante y satisfactoria al final. El clímax puede encontrarse en la mitad de la canción o al final. Usualmente hay un clímax menor, o varios, antes del clímax principal, como olas del mar que vienen más y más fuertes hasta que la ola principal nos inunda de emoción.

Reserve la nota más aguda para el clímax del canto cuando haya determinado dónde está este clímax. Si es al final, la última nota no rendirá tanta satisfacción si ya la ha usado antes, especialmente si es cerca del final.

Después de haberla compuesto, *ponga la melodía en una tonalidad adecuada*. Debe estar ubicada en un rango bien cómodo (los hombres cantarán una octava más abajo que las mujeres y los niños). Si es para cantantes, usualmente el rango será entre Do central y el próximo Do hacia arriba. Si es una melodía con rango de seis notas, debe estar ubicada entre Re y Si. Una melodía con rango de 10 notas debe estar ubicada entre el Si debajo de Do central y el Re en la cuarta línea. En términos generales, la melodía no debe empezar más grave que el tono de La (debajo de Do central) y no subir más que 12 notas.

Ejemplo 5-14: Tonalidades diferentes para melodías de rangos diferentes

Cuidado con melodías con rangos demasiado extensos. Es difícil cantarlas y limita las posibilidades para arreglarlas. Si piensa arreglar una melodía para coro, por ejemplo, y quiere usar varios cambios de tonalidad en el arreglo, esto aumenta el rango total de la melodía aun más. También, puede limitar las voces (soprano, contralto, tenor y bajo) en las cuales se puede ubicar la melodía. Muchas veces se puede limitar el rango al eliminar una o dos notas, especialmente en las notas más graves de la melodía. Siempre vale la pena hacerlo.

En conclusión, *¿cómo sabe si ha escrito algo bueno o no?* La prueba más segura, como dijimos antes, es si es pegadiza o no. Si la melodía se pega a la mente, también el mensaje de su canto lo hará, pero si no pega, debe pensar por qué, aprender de los errores e intentar de nuevo. Sin duda, trabajando así usted llegará, con tiempo y práctica, a componer una melodía inolvidable y de mucha bendición.

Actividades prácticas

1. Analice la melodía de dos de sus cantos favoritos. Identifique y encierre en un círculo las ideas musicales sobre las cuales la música fue compuesta. ¿Cuántas ideas musicales hay en cada canto?

2. Invente una idea musical y aplique 10 de las técnicas de desarrollo presentadas en esta lección. Hágalo otra vez con una idea musical de un canto conocido.

3. Tome un versículo de la Biblia o la letra de un himno y compóngale una melodía nueva. Hágalo sin un instrumento: por ejemplo, mientras sale a caminar. Trate de pintar con tonos musicales las palabras o la idea principal de la letra.

4. Use la lista siguiente para evaluar su melodía:

_____ Fluye naturalmente. (Fue compuesta sin usar un instrumento).

_____ Ha tenido en cuenta los rangos, la edad y la habilidad musical de los que la realizarán y quiénes serán los oyentes.

_____ Hay un "buen matrimonio" emocional entre la letra y la música y hay un acuerdo estricto entre los acentos de ambos.

_____ Hay descansos apropiados que concuerdan con la letra para los cantantes y los que tocan instrumentos de viento.

_____ Hay solamente dos o tres ideas musicales bien desarrolladas.

_____ Hay equilibrio entre todos los aspectos de la melodía.

_____ Hay movimiento o dirección hacia un clímax bien definido.

_____ No puede quitársela de la mente.

_____ Si después de evaluarla así parece completa, ¡felicitaciones; ha dado en el blanco!

Lección 6

LA ARMONÍA

Por lo general, *los cantos pueden ser acompañados por la guitarra, el piano u otro instrumento de teclado con solamente tres acordes básicos* (Do, Fa y Sol7 en la tonalidad de Do). Esto se aplica a casi todos los coritos de la iglesia. Aunque éstos nos gustan, no son interesantes musicalmente, pero pueden serlo. Trate de enriquecer su vocabulario armónico. Los oyentes se lo agradecerán y usted verá que aun los coritos más sencillos pueden llegar a ser mucho más interesantes al ser armonizados de nuevo con acordes más ricos e inusuales.

En vez de alimentar a sus oyentes solamente con el mismo helado de vainilla vez tras vez, ¿por qué no ofrecerles todos los sabores imaginables? Puede ser que nadie se haya quejado de la pobre selección en el pasado, pero quizá es porque no saben lo que se están perdiendo. Seguro que después de probar los sabores diferentes, jamás van a querer regresar a la vainilla simple de siempre.

Esta lección requiere más entendimiento sobre la teoría músical que las demás. Como dijimos en el prefacio, los dos libros de esta serie titulados *Lecciones prácticas para leer música, Tomos I y II* pueden ser de gran ayuda. En esta lección, les voy a referir a estos libros de vez en cuando con indicaciones como (*Leer música I*, p. 50) o (*Leer música II*, p. 75).

A esta altura es importante que usted entienda un concepto sumamente importante en la composición que tal vez se le haya escapado. Pensemos un momento en los idiomas. ¿Cuál vino primero: el idioma o las reglas gramaticales? Hay que entender que las reglas gramaticales surgieron después del idioma. Existen para explicarnos cómo el idioma se habla y son indispensables para cualquier estudiante que quiere aprender a hablarlo. Por otra parte, un niño pequeño aprende un idioma solamente de oído. No sabe por qué se debe decir algo de tal forma u otra; solamente sabe que se dice así.

Podemos ver, entonces, que hay dos formas de aprender un idioma: estudiándolo u oyéndolo. Lo mismo sucede con la música. Aunque la mayoría de nuestras reglas musicales vino de la música refinada de Juan Sebastián Bach, él mismo no conocía estas reglas; ¡qué increíble!, ¿no? Él componía naturalmente de oído. Las reglas fueron "deducidas" después por eruditos que estudiaron su música y dijeron: "parece que en tal y tal situación, Bach casi siempre hacía tal y cual cosa así. Si queremos escribir música que suena como la de Bach, tenemos que escribirla de tal o cual forma". Como reza el dicho: "la costumbre se hace ley".

En esta lección vamos a presentar muchas técnicas musicales, y aunque éstas pueden ser de gran ayuda para enriquecer el vocabulario armónico, no hay sustituto para un oído bien desarrollado. Los conceptos mismos no sirven de mucho si no pueden escucharse en el momento de armonizar una melodía. ¿Cómo se desarrolla el oído? Hay que escuchar, escuchar y escuchar los compositores a quienes uno quiere emular y tratar de imitar sus progresiones armónicas... tal como un niño aprende por imitar a los adultos a su alrededor. Veamos ahora algunas técnicas para enriquecer la armonía.

Técnicas para enriquecer la armonía

Al comenzar a armonizar una melodía, considere el uso de las siguientes técnicas para enriquecer la armonía y hacerla más interesante.

1. *Acordes con la raíz (fundamental) en cada tono de la escala, no solamente en los del primer, cuarto y quinto grado.* A continuación aparece un ejemplo de un canto conocido: "Cristo me ama". Lo usaremos en todas nuestras ilustraciones armónicas para que sea más fácil hacer comparaciones entre ellas. Si puede, toque cada ejemplo en un instrumento de

teclado. Cada ejemplo sucesivo puede incorporar aspectos de técnicas previamente presentadas. En este ejemplo hemos armonizado el canto usando solamente los tres acordes básicos (los principales) de la tonalidad de Do: Do, Fa y Sol. Esta es la armonización más sencilla posible:

Ejemplo 6-1: Armonización sencilla

Ahora, ¿cuáles son los demás acordes que ocurren naturalmente en la tonalidad de Do (es decir, los acordes que ocurren en la tonalidad sin usar ninguna alteración accidental)? Hay acordes mayores, menores y un acorde disminuido. (Vea *Leer música II*, pp. 21-24). Se puede ver a continuación que resultan las tríadas (acordes de tres tonos distintos): de Do mayor (Do), Re menor (Re m), Mi menor (Mi m), Fa mayor (Fa), Sol mayor (Sol), La menor (La m) y Si disminuido (Si° o dis). (La última tríada, Si°, es de poco uso).

Ejemplo 6-2: Acordes que ocurren naturalmente
en la tonalidad de Do

En el ejemplo siguiente hemos usado dos de estos acordes: La m y Mi m. En los ejemplos que siguen usaremos todos de una forma u otra:

Ejemplo 6-3: Uso de acordes menores

2. Acordes que incorporan el segundo, sexto, séptimo y noveno grados. Ya dijimos que los tres acordes principales en la tonalidad de Do son Do, Fa y Sol, aunque el último se toca casi siempre como Sol7, un acorde de cuatro tonos distintos (la tríada más el séptimo grado de la escala ya incorporado). Sin duda, el uso del séptimo grado es lo más común; sin embargo, podemos lograr sonidos muy agradables cuando agregamos el segundo, sexto o noveno grados también. En el ejemplo siguiente presentamos el acorde de Do con las modificaciones más comunes. En el primer pentagrama están las que se basan en Do mayor. En el segundo pentagrama están las que se basan en el acorde de Do menor:

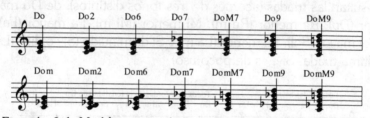

Ejemplo 6-4: Modificaciones de Do y Do m por añadir el segundo, sexto, séptimo y noveno grados de la escala

Ahora note la melodía nuevamente armonizada con muchas modificaciones así:

Ejemplo 6-5: Uso de los segundo, sexto, séptimo y noveno grados

Veremos en la Lección 7 cómo algunos de estos acordes se identifican estrechamente con ciertos estilos de música.

3. *Acordes aumentados o disminuidos.* Aunque son de poco uso, estos acordes tienen un sabor especial. Dos intervalos armónicos de la tercera son la base para todos los acordes comunes en la música. (Vea *Leer música II*, pp. 21-24.) Se construye un acorde *mayor* con una tercera mayor más una tercera menor. Se construye un acorde *menor* a la inversa: una tercera menor más una tercera mayor.

Añadiendo los acordes aumentados y disminuidos, tenemos aun más posibilidades. Se construye un acorde *aumentado* con dos terceras mayores, el acorde *disminuido* con dos terceras menores y, en el caso del acorde *disminuido séptimo*, con tres terceras menores:

Ejemplo 6-6: Combinaciones de terceras mayores y menores y acordes resultantes

Ahora, ¿cómo usar estos acordes? Estos crean una tensión que nos lleva a "acordes de descanso", así que son útiles como acordes de transición de un acorde a otro. Son acordes que propulsan la música hacia adelante.

Ejemplo 6-7: Uso de acordes aumentados y disminuidos

4. *Acordes prestados de la tonalidad paralela o relativa y acordes del dominante secundario.* ¿Qué significa todo esto? A continuación hay una explicación más técnica pero, básica-

mente, estamos hablando de hacer lo siguiente: *experimentar con intercambios de un acorde menor por un acorde mayor y viceversa.* Esto es algo que se puede hacer sin leer o entender lo que sigue, pero hemos incluido una explicación breve para los que pueden o quieren entenderlo.

La tonalidad relativa o paralela

Las tonalidades *relativas* usan la misma armadura de clave. La tonalidad de Sol mayor, por ejemplo, tiene un sostenido en la armadura de clave. La tonalidad relativa de Sol mayor es Mi menor (y viceversa) porque tienen la misma armadura: un sostenido. En cambio, las tonalidades *paralelas* tienen la misma raíz (fundamental). La tonalidad paralela de Sol mayor es Sol menor (y viceversa) porque tienen el mismo nombre (Sol), pero con armaduras diferentes.

Cuando tomamos prestados acordes de la tonalidad de Mi menor o Sol menor para usar en Sol mayor, estamos usando acordes que ocurren naturalmente en la tonalidad relativa o paralela, pero no en la tonalidad verdadera del canto. Así que, en el ejemplo que sigue en Do mayor, el acorde de Sol mayor ocurre naturalmente en esta tonalidad pero, en vez de usarlo, hemos usado Sol menor que ocurre naturalmente en la tonalidad paralela: Do menor. Creo que esto le da a la armonización un sabor distinto que le va a gustar.

Ejemplo 6-8: Uso de acordes menores y mayores que no ocurren naturalmente en la tonalidad

Los dominantes secundarios

Ahora veremos una explicación breve sobre los dominantes secundarios. En la tonalidad de Do, el acorde que se llama el dominante es Sol. (Vea *Leer música II*, pp. 29, 30). Es el acorde que casi siempre nos lleva a Do, el acorde principal, *la tónica*, en la tonalidad de Do. Se puede usar con o sin la séptima, aunque casi siempre aparece con la séptima porque resulta en una progresión armónica más fuerte y con más tendencia hacia Do. Por ejemplo, el intervalo de Do a Sol (hacia arriba) es la quinta y el Sol a Do (hacia arriba) es la cuarta. Si la raíz está en el bajo, el movimiento del bajo de Sol (el dominante) a Do (la tónica) sería una cuarta para arriba o una quinta para abajo. (Vea *Leer música I*, pp. 68, 69).

Cuando usamos cualquier acorde no dominante como si fuera un acorde dominante hemos creado un *dominante secundario* (en la tonalidad de Do, cualquier acorde que no sea Sol o Sol7). El acorde que le sigue al dominante siempre tiene como raíz una cuarta para arriba (o quinta para abajo) del original, como en el caso de Sol a Do.

En el ejemplo siguiente, el acorde con raíz en Mi, que ocurre naturalmente en la tonalidad de Do, es Mi menor. Se puede hacer del acorde un dominante secundario si se cambia el Mi menor por Mi mayor o Mi mayor séptimo (Mi7). El acorde que sigue tiene que ser un acorde con raíz en la nota una cuarta para arriba (o quinta para abajo) de Mi; en nuestro ejemplo es La menor. Es como si la tonalidad cambiara temporalmente a La menor, y que el acorde de La fuera la tónica. Es importante notar que el acorde que le sigue al dominante secundario puede ser mayor o menor; no importa cuál. Lo que sí importa es que las raíces de los acordes tengan la relación de dominante a tónica.

Ejemplo 6-9: Uso de acordes aumentados y disminuidos

Otro uso del dominante secundario en el siguiente ejemplo es el Re7 que va a un acorde con Sol en el bajo, aunque sea la primera inversión de Do. (Vea *Leer música II*, pp. 30-32). Al fin y al cabo, la cuestión es experimentar con intercambios: de un acorde menor por un acorde mayor y viceversa, jugando con los efectos resultantes.

Confíe en el oído como su guía principal. Se pueden disfrutar helados de sabores diferentes sin entender cómo hacerlos ni haber visto los ingredientes que contienen. Lo mismo sucede con los acordes.

Tonos no armónicos

1. *Suspensiones (retardos)*. Normalmente, cuando hay un cambio de acorde, todos los tonos se cambian por tonos nuevos en el nuevo acorde. Una suspensión es cuando hay un tono del primer acorde que no se mueve al mismo tiempo que los demás. Es un tono del primer acorde suspendido en el segundo acorde (en un tiempo más fuerte que el tercer acorde) que siempre se resuelve con movimiento hacia abajo para formar un tercer acorde. (Vea *Leer música II*, p. 63). Los nombres de las suspensiones tienen que ver con el grado del tono en el acorde nuevo. Por ejemplo, Do sus (4-3) significa que el cuarto grado (Fa) de Do es el tono suspendido del primer acorde al segundo y que se resuelve hacia abajo en el tercer grado (Mi) en el siguiente acorde. La suspensión del 4 al 3 (4-3) es la más común pero también hay suspensiones del 2 al 1 (2-1), 6 a 5 (6-5) o una combinación como (4-3) y (2-1) al mismo tiempo. El ejemplo que sigue nos demuestra las suspensiones más comunes:

Ejemplo 6-10: Suspensiones más comunes

Y ahora, así es el canto armonizado con suspensiones.

Ejemplo 6-11: Uso de suspensiones

Generalmente ocurren al final pero, a veces, al principio de una frase musical.

2. *Adornos*. Adornos son tonos no armónicos de varios tipos que se pueden poner entre los acordes del canto (vea *Leer música II*, pp. 61-64) con varios propósitos:

a. para que las progresiones armónicas sean más fluidas o suaves,
b. para que haya interés melódico en todas las voces de la música, no solamente en la melodía, y
c. para llenar los descansos (silencios) en el movimiento melódico de manera que haya equilibrio entre ella y las demás voces, principalmente en las voces de contralto y tenor.

Es decir, *cuando no hay mucho movimiento en la melodía, conviene incluir elementos melódicos cautivantes en otras voces*. De este modo la música no pierde su ímpetu y el oyente no se aburre.

Lamentablemente, muchos compositores tienden a pensar en la música de una forma vertical. Pensamos en todos los sonidos verticales sonando juntos en un momento dado, especialmente si tocamos el teclado o guitarra. Sin embargo, las personas que interpretan la música y los oyentes están experimentándola horizontalmente. Ya hemos dicho que el elemento con el cual más se identifica la gente es la melodía (el aspecto horizontal), y no los acordes (el aspecto vertical) o el ritmo.

También a nosotros nos conviene *pensar en forma horizontal si queremos escribir algo que funciona bien y que le agrade a todos.* Los adornos pueden hacer que la música sea menos vertical y que fluya mejor horizontalmente.

Hay una lista bastante larga de términos para describir los adornos más comunes (vea *Leer música II*, pp. 61-64), pero es un tema fuera del alcance de este libro. Creo que el oído nos puede ayudar más que la teoría en este caso, aunque vale notar que los tonos (o notas) de paso son los adornos más usados. El ejemplo siguiente es una forma un poco exagerada que demuestra el uso de muchos de dichos adornos:

Ejemplo 6-12: Uso de varios adornos

3. *Bajos melódicos.* Ya vimos cómo usar tonos no armónicos para lograr voces interiores más melódicas. Podemos lograr lo mismo en el bajo con inversiones de los acordes. Lamentablemente, algo que demuestra que un compositor es novato, y con un vocabulario armónico limitado, es el hábito de siempre poner la raíz del acorde en el bajo. Invertir el acorde; es decir, poner otro tono que no sea la raíz del acorde en el bajo, hace posible aprovechar al máximo las posibilidades armónicas del acorde y lograr un bajo melódico, en vez de siempre ir brincando de raíz a raíz. El acorde de Do, compuesto de Do, Mi y Sol, suena diferente si ponemos Mi (primera inversión) o Sol (segunda inversión) en el bajo.

Una técnica común es ir bajando o subiendo por tonos en la voz del bajo. Cuando se va bajando, hay un sentido de descanso y paz. Cuando van subiendo, se puede intensificar la tensión o aumentar la emoción de la música. En el ejemplo siguiente podemos ver demostraciones de los dos: una línea de bajo melódico que baja y otra que sube. (Si no lo había observado antes, mire cómo se anotan los acordes invertidos para la guitarra. Al anotar el nombre del acorde, se escribe el tono que se debe tocar o cantar en el bajo debajo del nombre del acorde, separados por una raya).

Ejemplo 6-13: Uso de inversiones y adornos (tonos/notas de paso) para lograr un bajo melódico

Debemos mencionar que también se puede lograr un bajo melódico con tonos de paso o, más común, hacerlo con una combinación de las dos técnicas: acordes invertidos y tonos de paso. La nota baja no tiene que ser obligatoriamente un tono del acorde.

4. *Contramelodías.* Podemos avanzar el propósito de los adornos, como los tonos de paso, y los bajos melódicos hacia algo todavía más melódico y horizontal (vea los puntos previos: "adornos" y "bajo melódico") con el uso de contramelodías. Cuando llegamos a este punto, lo que nos importa más son las melodías y no tanto las armonías que resultan por sus intercambios:

Ejemplo 6-14: Uso de contramelodías

Note el final de este ejemplo: puede haber una combinación de técnicas o cambios de una técnica a otra.

5. *Pedales*. En la composición, un pedal es un tono sostenido por un tiempo considerable, usualmente en el bajo, mientras hay cambios de acordes en otras voces de la música. En algunos estilos de música (*country*) y con ciertos instrumentos (el banjo, la gaita) se llama un roncón (*drone*). Los pedales más comunes son el pedal en la tónica (que enfatiza la tonalidad principal, especialmente al principio del canto) y el pedal en el dominante. En nuestros ejemplos, como la tonalidad del canto es Do, la tónica también sería Do:

Ejemplo 6-15: Uso de un pedal en la tónica

El pedal en el dominante sirve para enfatizar o reforzar la cadencia final del canto para que el último acorde suene más como el final. El dominante en este ejemplo es Sol:

Ejemplo 6-16: El uso del pedal en el dominante

6. *Modulaciones* (cambiar de una tonalidad a otra). Hacer modulaciones a tonalidades más y más agudas añade emo-

ción a la composición, al igual que una línea en el bajo que va subiendo por tonos. Es común hacerlo, especialmente en la última estrofa de una composición. Las modulaciones pueden ser muy útiles, también, para aprovechar los rangos de las voces o los instrumentos para efectos especiales en el desarrollo de las ideas musicales en la composición. En los ejemplos siguientes encontrará algunas de las modulaciones más comunes. Pero se puede hacer una modulación de cualquier tonalidad a cualquier otra, y los mejores compositores saben cómo hacerlo de una forma natural, suave y convincente. Le sugerimos que empiece un archivo de ejemplos de modulaciones bien hechas para usar como referencia en sus composiciones.

Ejemplo 6-17: Algunas modulaciones comunes

7. *Sus ideas.* El propósito de esta lección no es el de ser un tratado exhaustivo de la armonía, sino una manera de despertar su apetito para algo más interesante que "armonías de vainilla simple". Un mundo de sabores armónicos le espera, y usted también puede agregar los suyos. Experimente con combinaciones de tonos en inversiones diferentes. Tarde o temprano descubrirá armonías sabrosas que le gustarán. No importa si no sabe sus nomenclaturas oficiales. Lo que sí importa es que las use. De esta manera puede introducir al mundo una receta nueva con su toque especial. Acuérdese de que su oído debe ser la guía principal. Haga todo lo posible para desarrollarlo.

Otros consejos sobre el uso de acordes

Ritmo armónico (o la frecuencia de los cambios de los acordes) es usualmente más lento cuando se usan acordes sencillos y más rápido cuando se usan acordes más complejos. Hay que pensar en la habilidad de los que interpretarán su composición y en cuál instrumento lo harán. Por ejemplo, generalmente se puede ejecutar un ritmo armónico más rápidamente en el piano que en la guitarra.

Acordes bien vocalizados. La vocalización de un acorde tiene que ver con la ubicación y duplicación de los tonos en la tríada básica (ver *Leer música II*, pp. 21-24). *Evite duplicaciones innecesarias de los tonos en el acorde.* Cuando sea necesario duplicar un tono de la tríada al estar escribiendo música a cuatro voces, siempre es mejor duplicar la raíz de la tríada. Si no puede duplicar la raíz, duplique la quinta. Se recomienda no duplicar la tercera. Tampoco duplique la séptima u otro tono agregado a la tríada principal.

Rango y tonos. Ponga las notas más cerca la una a la otra en el rango más agudo y más separadas en el rango más grave. Las notas deben estar separadas por una octava, como mínimo, en el rango más grave. En el rango menos grave (la octava debajo de Do central), las notas deben estar separadas por una cuarta o quinta como mínimo. Encima de Do central pueden estar separadas por cualquier intervalo, no importa lo pequeño que sea. Los acordes en los rangos más graves con separaciones pequeñas entre los tonos (una tercera o menos), suenan imprecisos sin poder distinguir entre los tonos. El acorde pierde todo su sabor cuando los tonos están mal puestos.

Ejemplo 6-18: Vocalización de acordes

Progresión de los acordes. Ponga atención a cómo los acordes progresan del uno al otro. Evite que dos tonos separados por una quinta se muevan hacia arriba o abajo junto con otros tonos separados por una quinta. Esto se llama "quintas paralelas". También evite octavas o acordes enteros paralelos. En términos generales, *el movimiento de los tonos más agudos y graves debe ser en direcciones opuestas.*

Como ya hemos dicho, esta lección no ha sido un tratado exhaustivo de la armonía. Hay un sinnúmero de libros excelentes sobre el tema. Sin embargo, espero que le haya abierto el apetito para intentar armonías más ricas y que los conceptos presentados junto con su propia experimentación le pueda llevar a un vocabulario armónico más y más sabroso.

Actividades prácticas

1. Analice los acordes en tres de sus cantos favoritos (como mínimo). Examine música de estilos diferentes: himnos, cantos contemporáneos y otros.

2. Escuche uno de sus cantos favoritos en casete o disco compacto y trate de imitar los acordes del canto en la guitarra o piano.

3. Tome una melodía original o de un canto favorito y armonícela usando las técnicas mencionadas en esta lección para variar o cambiar los acordes:
   - Todos los acordes con raíz en cada tono de la escala.
   - Acordes que incorporan el segundo, sexto, séptimo y/o noveno grados.
   - Acordes aumentados o disminuidos.
   - Acordes menores o mayores que no pertenecen a la tonalidad de la melodía (tomados de la tonalidad relativa o paralela o los acordes del dominante secundario. Esto se puede hacer cambiando acordes mayores a acordes menores y viceversa).
   - Acordes con suspensiones.
   - Acordes con adornos.
   - Acordes en inversión para lograr un bajo melódico.
   - Contramelodías.
   - Acordes sobre pedales.

Lección 7

EL ACOMPAÑAMIENTO

Una vez que ya ha logrado componer una melodía y la tenga armonizada, es tiempo de pensar en el acompañamiento. El acompañamiento es la música que acompaña su melodía en base a los acordes que ha escogido. Ya hemos dicho que tiene que haber un buen "matrimonio" entre la letra y la melodía. Ahora debemos buscar un buen "matrimonio" entre la melodía y el acompañamiento. Consideremos las siguientes preguntas:

1. ¿Cuáles instrumentos usaré? Por ejemplo: puede usar el piano, la guitarra o una combinación de instrumentos, como un conjunto u orquesta.
2. ¿Cuál estilo de acompañamiento usaré? Por ejemplo: puede ser al estilo hímnico, popular, salsa u otro.
3. ¿Cuál tipo de acompañamiento usaré? ¿Pasivo o activo?

Estas son preguntas que queremos ayudarle a contestar en esta lección. Vamos a empezar con la elección de instrumentos.

Instrumentos a usar

¿Cuáles instrumentos usaré? El compositor siempre tiene que pensar de un modo creativo y práctico a la vez. Esto es sumamente importante en la selección de instrumentos. Básicamente, piense en lo que tiene a su disposición. No tiene sentido escribir una composición para orquesta si no hay posibilidad de que alguno la toque; o escribir otra, vamos a decir, para banjo, cencerro y marimba cuando, a lo mejor, no existe un conjunto así en el mundo. Si usted es principiante, lo mejor sería escribir un acompañamiento para un instrumento que usted sabe tocar; si no sabe tocar ninguno, sería preferible escribir para instrumentos de uso corriente, como el piano o la

guitarra. Aun los compositores con experiencia muchas veces componen para el piano y luego lo adaptan para orquesta u otro conjunto. *Algunos estilos de música requieren ciertos instrumentos.* El merengue de la República Dominicana, por ejemplo, requiere la tambora (el bombo), la güira, la guitarra y/o el piano, mientras que el estilo barroco de Bach requiere el clavicémbalo o el órgano. Sonaría un poco ridículo si los intercambiáramos. En los ejemplos que siguen demostraremos varias figuras de acompañamiento con el piano porque es tal vez el instrumento más flexible; pero cada estilo puede ser adaptado para casi cualquier instrumento o conjunto apropiado. *Si usted no es pianista y está componiendo para piano, búsquese un amigo pianista.* Un pianista o editor musical siempre sabe si el compositor es pianista o no por su manera de escribir el acompañamiento. Si necesita guía, un pianista le puede advertir de posiciones incómodas para la mano o pasajes no pianísticos. En fin, puede ayudarle a escribir un acompañamiento auténtico para piano.

Estilos de acompañamiento

¿Cuál estilo de acompañamiento usaré? En términos generales, usamos el idioma para comunicar ideas y la música para comunicar emociones. Los estilos musicales diferentes funcionan como idiomas diferentes. Por ejemplo, puedo comunicar mis ideas en el idioma español, inglés o francés. De la misma manera, en la música puedo comunicar mis ideas musicales en un estilo tradicional, popular o latino, entre otros. Hay idiomas diferentes con su propio vocabulario, y también hay estilos de música diferentes con sus propios vocabularios emocionales. A lo mejor usted se siente más cómodo con ciertos estilos pero, como veremos, no tiene que limitarse a ellos.

Tenga cuidado con los acompañamientos favoritos; es decir, el estilo de acompañamiento que siempre usa debido al movimiento mecánico o "memoria muscular" de los dedos.

Al sentarse al piano para tocar cualquier melodía, es probable que siempre lo haga de la misma manera. Esto puede suceder con cualquier instrumento de acompañamiento, como la guitarra. Por esto, es importante poder componer u oír el acompañamiento en su mente antes de tocarlo por primera vez en el instrumento. Si no, sin querer siempre caerá en los mismos hábitos y usará su acompañamiento favorito. Después de haberlo tocado y oído así, es difícil oírlo de otra manera. En la mayoría de las veces su estilo favorito no resultará en "el mejor matrimonio" entre canto y acompañamiento. Es importante que sus acompañamientos sean limitados solamente por su imaginación y no por su habilidad. Si puede oírlo, tarde o temprano puede aprender a escribirlo y a tocarlo.

Los siguientes ejemplos muestran varias figuras rítmicas de acompañamiento para algunos estilos básicos de música. Lo que usted invente sería otra variación o combinación.

Hay que entender que hay un sinnúmero de estilos musicales con sus variaciones y combinaciones. Cada estilo tiene su propia expresión en la guitarra, el bajo, la batería u otro instrumento. No sería posible dar ejemplos para cada uno en este libro. Lo que más nos interesa a esta altura es entender que cada estilo es distinto en su modo de expresarse. Más adelante en esta lección veremos cómo adaptar algunos de ellos a una melodía.

Ejemplo 7-1: Alabanza y adoración   Ejemplo 7-2: Balada

Ejemplo 7-3: *Country*   Ejemplo 7-4: Himno

Ejemplo 7-5: Pop Ejemplo 7-6: Merengue
Ejemplo 7-7: *Reggae* Ejemplo 7-8: *Rock*
Ejemplo 7-9: *Rock* pesado

Ejemplo 7-10: Salsa

Escoja los acordes correspondientes al estilo deseado. Es importante notar que hay ciertos acordes que se identifican más con ciertos estilos. Algunos ejemplos: Los acordes abiertos y los acordes sin el tercer grado se identifican con el *rock* pesado (Ejemplo 7-9). Acordes con una segunda se identifican con música pop (Ejemplo 7-5). Algunos estilos como *country* (Ejemplo 7-3) y el merengue (Ejemplo 7-6) usan solamente los acordes más básicos, mientras que estilos como el himno (Ejemplo 7-4) usan un vocabulario de acordes más ricos. Por esto, los acordes que uno escoge pueden determinar, hasta cierto punto, el estilo de su canto o quizá se tengan que cambiar algunos acordes para poder usar otro estilo.

La verdad es que hay una escasez de estilos musicales en la iglesia. Se escuchan solamente dos o tres al máximo. Sea usted la persona que nos enriquece con un repertorio más amplio de estilos. *Amplíe su repertorio de figuras de acompañamiento* haciendo lo siguiente: (a) escuche música de estilos diferentes y (b) analice el acompañamiento de los cantos que le gustan. Sobre todo, cuando sabe que quiere escribir música en un cierto estilo, oiga tanta música en este estilo como le sea posible. Hágalo continuamente por varios días. Lo que dijimos sobre ampliar su vocabulario armónico se aplica también aquí. Hay que escuchar, escuchar y escuchar. De esta manera podrá *escuchar* aquellos estilos de acompañamiento sin un instrumento cuando esté listo para ponerle acompañamiento a una melodía.

Después de escoger un estilo y carácter para su acompañamiento, manténgalo sin caer en el hábito de usar su estilo favorito de nuevo. De esta manera ampliará su capacidad de escribir en varios estilos, no sólo en el que hasta ese momento ha sido su favorito. Es como un personaje en un drama: el actor nos convence si mantiene, durante toda la presentación, la personalidad del papel que interpreta, sin dejarnos ver su verdadera personalidad. Cuidado, porque es fácil caer en su estilo de acompañamiento favorito cuando llegue a un punto difícil en la composición. Solemos caer en lo conocido cuando no nos sentimos cómodos con algo diferente.

Tipos de acompañamiento

Ahora estamos listos para hacer la última pregunta: *¿Cuál tipo de acompañamiento usaré?* Hay varios tipos. Podemos clasificarlos como acompañamientos pasivos o activos; hay grados entre los dos extremos. La pregunta es: ¿Hasta qué punto participará el acompañamiento en la comunicación de las ideas presentadas en la letra y la melodía? Veamos ejemplos de cuatro tipos de acompañamiento empezando con uno muy pasivo y vamos a progresar hacia ejemplos más y más activos. Usaremos la melodía del canto "Solamente en Cristo" para cada uno, a fin de poder compararlos fácilmente.

1. *Proveer el trasfondo solamente.* Un acompañamiento de este tipo solamente provee una interpretación sencilla de los acordes escogidos sin participar en la comunicación de las ideas presentadas en la letra o la melodía, y por esto es el tipo más pasivo. Si fuera una pintura, sería solamente el cielo azul y la hierba verde detrás del enfoque principal del cuadro que, en la música, serían la letra y la melodía. Es la canasta en la cual hemos puesto nuestras ideas sin preocuparnos de embellecerla como recipiente. Veamos, en el siguiente ejemplo del estilo de alabanza y adoración siguiente, un acompañamiento en la clave de Fa para el uso del tipo trasfondo solamente:

Ejemplo 7-11: Acompañamiento del tipo trasfondo

2. *Emparejar la emoción del acompañamiento con la de la letra y la melodía.* Ya hemos dicho que la letra comunica ideas y la música emociones. Si ya tiene una letra y la melodía bien emparejadas, el acompañamiento puede aumentar las emociones que la melodía nos comunica.

El canto "Solamente en Cristo" contiene el mensaje emocionante de salvación para todo ser humano a través de un Salvador llamado Jesús. También es un mensaje apropiado para campañas evangelísticas en las cuales queremos llamar la atención a los no creyentes a través de música bien movida y aceptable a ellos. Si estuviera en el Caribe, tal vez usaría la salsa como el estilo de acompañamiento (note que la melodía no siempre tiene que estar en la clave de Sol. En el siguiente ejemplo funciona mejor en la clave de Fa):

Ejemplo 7-12: Acompañamiento que empareja la emoción

Nuestro canto tiene que' ver con nuestro Salvador Jesús. Volviendo a la ilustración que usamos antes, imaginemos una pintura sobre la muerte de Jesús. Ahora el trasfondo no es solamente un cielo azul y hierba verde, sino que hemos puesto nubes oscuras y tal vez un relámpago en el cielo y hierba de tono verde oscuro que parece ser fuertemente soplada por el viento de un lado al otro. Estos elementos adicionales nos comunican la emoción del momento cuando Jesús murió por nosotros. Como contraste, una pintura sobre la resurrección puede tener un sol resplandeciente en el cielo y hierba de color verde brillante con hojas largas inclinadas hacia afuera que comunican la tumba vacía. El trasfondo está participando en la emoción del momento.

3. *Pintar la letra no solamente con la melodía, sino también con el acompañamiento.* En la Lección 5 sobre las melodías, hablamos de cómo pintar la letra con la música (vea p. 51). Se puede hacer lo mismo con el acompañamiento. A continuación presento algunos ejemplos de figuras rítmicas y armónicas de acompañamientos que pueden sugerir varios movimientos, emociones o ideas. Hay un sinnúmero de maneras de hacerlo, limitadas solamente por su imaginación:

Alegría, marchar, caminar, persistir

Ejemplo 7-13

Agua, fluir, bajar

Ejemplo 7-14

Majestad, resurrección, señorío

Ejemplo 7-15

Tristeza, dolor, desaliento

Ejemplo 7-16

Cuando pintamos la letra con la melodía y el acompañamiento, la música sirve como co-comunicador con la letra del mensaje y existe "un matrimonio" ideal entre ellos. La música ahora es activa y una parte integral de lo que el canto nos quiere comunicar. En el ejemplo siguiente hemos pintado la palabra "solamente" con un acorde arpegiado. El canto enfatiza la idea que es solamente en Cristo que hay salvación. Al colocar un acorde arpegiado en el acompañamiento en esa palabra es como ponerle puntos de admiración musicales para que no suene como "solamente", sino como "¡SOLAMENTE!".

Ejemplo 7-17: Acompañamiento que pinta la letra

4. *Intercambiar el acompañamiento y la melodía.* En este tipo de acompañamiento, éste llega a ser tan importante como la melodía. No tenemos el acompañamiento al servicio de la melodía, sino un intercambio entre iguales. Es como una conversación entre los dos. El acompañamiento comenta sobre lo que dijo la melodía, y viceversa. Muchas veces, el acompañamiento juega el papel de rellenar los descansos (silencios) de la melodía. (Vea el inciso sobre tonos no armónicos y los ejemplos 6-12 y 6-14 en la Lección 6). En el ejemplo siguiente, note el intercambio entre la melodía en la clave de Sol (𝄞) y el acompañamiento, principalmente en la clave de Fa (𝄢):
A continuación vemos otros ejemplos de cómo adaptar un tipo de acompañamiento a nuestra melodía:

Ejemplo 7-18: Acompañamiento de intercambio

Ejemplo 7-19: El estilo *country*

Ejemplo 7-20: El estilo hímnico

Ejemplo 7-21: El estilo merengue

Ejemplo 7-22: El estilo *rock*

El papel del contraste

En la Lección 4 sobre la forma en la música hablamos de la importancia del contraste entre ideas musicales. Cuando comparamos dos elementos, el uno enriquece al otro. Es como poner la mano alternativamente en agua caliente y agua fría. El agua caliente se siente mucho más caliente y el agua fría mucho más fría solamente por el contraste entre los dos. Este es importante también en un acompañamiento. Debe haber contraste en el estilo de acompañamiento, en la dinámica (matices) y en el uso de los instrumentos (orquestación).

1. *Debe haber contraste en el estilo de acompañamiento.* El oyente se aburre fácilmente con lo mismo por demasiado tiempo. Es como un perfume al cual se acostumbra rápidamente y después ni se nota. El perfume de nuestra persona amada huele menos fragante después de acostumbrarnos a él. Si queremos que nuestro acompañamiento mantenga su fragancia hay que usar por lo menos dos, y a veces tres estilos de acompañamiento en el transcurso del canto. Es casi como escoger dos colores complementarios como beige y azul o rosado y gris: uno enriquece al otro.

Pueden ser estilos totalmente diferentes, pero esto no es la norma. Generalmente son variaciones del mismo: uno más calmado y otro más movido. El intercambio puede seguir la forma de la música. Si la forma es A-A-B-A, por ejemplo (vea Lección 4 sobre la forma), la parte A puede ser más suave y la B más movida, o viceversa. Es común tener un cambio o variación de estilo así.

Sin embargo hay que tener cuidado, porque puede haber demasiado contraste de estilo, aunque el error de la mayoría de los compositores es la falta de bastante contraste. Ningún extremo es bueno. Al fin y al cabo, deje que su imaginación y su oído sean sus guías más fieles.

2. *Debe haber contraste en la dinámica o matiz* (intensidad y volumen entre suave y fuerte) *del acompañamiento.* Es como tomar una foto de una flor muy grande o muy pequeña. En la foto no se puede apreciar su tamaño al menos de que se pueda comparar con otro objeto como, por ejemplo, con alguien que la tenga en la mano. De la misma manera, un pasaje fuerte no suena tan fuerte ni tiene el mismo impacto sin pasajes suaves con los cuales el oído pueda compararlo, y viceversa. Además hay que considerar la riqueza de los *crescendos* y los *diminuendos* entre ellos.

Hay dos maneras de lograr cambios en la dinámica. Una es por el uso de indicaciones de dinámica (fuerte, suave, *crescendo* o *diminuendo*), y el otro es por añadir o quitar notas o instrumentos, si se trata de un conjunto, como una orquesta. En el primer ejemplo a continuación, el *crescendo* se logra con signos de dinámica. En el segundo, se logra agregando notas sin tener que indicarlo. Aunque las mismas marcas de dinámica aparecen en el segundo ejemplo, no es tan imprescindible como en el primero. (Más adelante hablaremos de la importancia de poner indicaciones para la interpretación de su música).

Ejemplo 7-23: Dinámica por indicaciones

Ejemplo 7-24: Dinámica por agregar o quitar notas

3. Por último, *debe haber contraste en el uso de los instrumentos de acompañamiento*. Si es música para un conjunto instrumental escriba de manera que distintos instrumentos sean prominentes en el acompañamiento, en momentos diferentes, para que otros puedan descansar. Esto es un alivio para los instrumentistas y los oyentes. (Se habla más acerca de esto en la Lección 9 sobre la orquestación). Si el acompañamiento es solamente para un instrumento, por ejemplo el piano, puede variar la octava donde se pone la música o intercambiar la melodía y la figura de acompañamiento entre las dos manos. (Vea los ejemplos 7-12 y 7-21 de esta lección, en los cuales la melodía se toca con la mano izquierda).

Técnicas para finalizar el acompañamiento
Una vez que ha terminado de escribir el acompañamiento de su canto, le hacen falta dos técnicas más:
1. *Quitar todas las notas innecesarias.* En la Lección 3 sobre cómo escribir letra vimos que *el acompañamiento debe ser conciso, directo y bien intercalado* (vea p. 22). Es decir, no debe haber notas innecesarias en el acompañamiento que no contribuyen al efecto deseado. Es contraproducente escribir notas que dificultan la música sin producir ningún beneficio. Debe revisar la música una vez más para justificar la presencia de cada nota. En el ejemplo siguiente, el segundo acorde suena casi igual al primero, con dos notas menos:

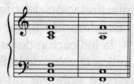

Ejemplo 7-25: Simplificación del acompañamiento

2. *Añadir todas las indicaciones necesarias de interpretación.* Si no lo indica, nadie, con excepción de usted, sabrá cómo interpretar su música. No puede dar por sentado que los músicos sabrán cómo realizarla correctamente, solamente por la naturaleza general del canto.

Le aseguro que no hay nada peor que escuchar una mala interpretación de un canto que uno ha compuesto. Los oyentes nunca dirán: "¡Qué música tan linda! ¡Qué lástima que los músicos no la realizaron bien!". Siempre dirán: "¡Qué música tan fea!".

Si quiere que su música sea bien interpretada debe indicar, tan claramente como sea posible, la manera de hacerlo. Debe empezar con una indicación de *tempo* (velocidad). Usted no puede imaginar las muchas veces que he oído un canto mío interpretado demasiado rápido o lento; ¡y con las indicaciones puestas claramente!

Al principio de la partitura, la indicación de *tempo*

aparece así: (♩ = 120). En este ejemplo, significa que hay 120 tiempos (pulsos) por minuto. Después de la indicación de *tempo*, debe haber otra indicación para ambientar la música, por ejemplo: "alegre", "con convicción" u otro término, a veces escrito en italiano. Después hay que indicar la dinámica (volumen) de cada voz (o instrumento) de la música con los *crescendos* y *diminuendos* correspondientes, si los hay. Es bueno evitar, hasta donde sea posible, la posibilidad de que los músicos presten poca atención a las indicaciones, o las ignoren.

Una de las quejas de la mayoría de los compositores de experiencia es acerca de los directores que no realizan las marcas de interpretación tanto como se espera. Esto es especialmente evidente en la interpretación del *ritardando* (tocar gradualmente más lento), *accelerando* (tocar gradualmente más rápido) y el calderón (⌢, la indicación de prolongar una nota o acorde más de lo que indica el valor de la figura). Es preferible agregar o quitar notas para enfatizar un *crescendo* o *diminuendo* (vea los ejemplos 7-19 y 7-20) y no usar los términos. Si quiere prolongar una nota o acorde es mejor indicarlo directamente con notas. Esto se logra, usualmente, con un cambio de cifra de compás y figuras de notas que indican precisamente lo que el compositor espera. Compare los dos ejemplos a continuación:

Ejemplo 7-26: Uso del calderón

Ejemplo 7-27: Eliminación del calderón y el uso de notas

En el ejemplo 7-27 aparece la música exactamente como el compositor desea. Se ha quitado la ambigüedad de la interpretación del calderón en la música, y puede haberse salvado a un director o músico de poca experiencia.

En esta lección hemos hablado de cómo escribir un acompañamiento apropiado para su canto. Veamos ahora algunas actividades que nos pueden ayudar a usar los conceptos presentados.

Actividades prácticas

1. Escoja una melodía y arréglela con tres estilos diferentes de acompañamiento. Use algunos de los estilos presentados en esta lección.

2. Escuche música de estilos diferentes. Escoja un estilo que le gusta. Analice el estilo de acompañamiento y úselo al escribir o tocar otra melodía.

3. Escoja una melodía que ha escrito en las actividades anteriores, y arréglela en el mismo estilo conforme a los cuatro tipos de acompañamientos presentados en esta lección (ver pp. 73-77).

4. Use la siguiente lista para analizar la calidad de lo que ha escrito (inciso 3):

El estilo principal de mi canto es: _____

El tipo de acompañamiento es (1, 2, 3 ó 4 o una combinación): _____ .

_____ Los instrumentos y los acordes van de acuerdo con el estilo.

_____ El estilo de acompañamiento escogido se mantiene sin caer en mi estilo favorito de siempre.

_____ Hay contraste o variaciones en el estilo de acompañamiento.

_____ Hay contraste en la dinámica.

_____ Hay contraste en el uso del instrumento o de los instrumentos.

_____ No hay notas innecesarias.

_____ Todas las indicaciones posibles de interpretación han sido escritas claramente.

_____ Lo han tocado, revisado y aprobado personas que saben tocar los instrumentos que se usan en el acompañamiento.

Lección 8

LAS VOCES

Las voces bien armonizadas suenan como voces celestiales, y un coro así puede ser uno de los ministerios más significativos de la iglesia. En esta lección vamos a hablar de cómo escribir música para voces que cantan en coro.

Consideraciones preliminares

Lo primero que queremos hacer es *escoger la tonalidad más adecuada para que todas las voces puedan cantar cómodamente.* No importa cuán bella sea su composición, los cantantes no la disfrutarán a menos que puedan cantarla sin esforzar demasiado la voz. Aun cuando ha escogido una tonalidad adecuada, *evite pasajes que se prolongan demasiado tiempo en cualquier extremo del rango de los cantantes.* En la Lección 5 sobre la melodía hablamos de cómo escoger una tonalidad apropiada. (Vea el ejemplo 5-14 en la Lección 5). Cuando escribimos música para coro, tenemos que tomar en cuenta los rangos de cada voz. Los rangos más cómodos para adultos son:

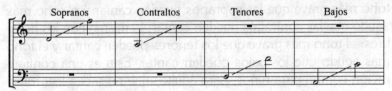

Ejemplo 8-1: Rangos de las voces

Las voces son como los tamaños de las personas. Algunas personas tienen un físico más corpulento que otras. De la misma manera, hay gente con voces agudas (sopranos y tenores) y gente con voces graves (contraltos y bajos). Note que los rangos para tenores y bajos son exactamente una octava debajo de los de sopranos y contraltos. ¡Qué interesante que

Dios nos hizo así! Parece que nos creó para que le cantemos a cuatro voces.

Hay que tener en cuenta la edad, la habilidad y la experiencia de los cantantes y la cantidad de ellos porque estos factores pueden afectar la extensión de los rangos. Cantantes de menor edad o de poca habilidad o experiencia no podrán cantar tan agudo o tan grave. Estos factores determinarán también el nivel de dificultad de la configuración vocal que se puede usar.

Configuraciones vocales
   Vea a continuación las configuraciones más comunes, desde la más sencilla hasta la más difícil.

Unísono
Todas las voces cantan la misma melodía juntas. Las únicas variaciones que puede haber son:
   (a) todos cantan juntos,
   (b) todas las mujeres cantan juntas,
   (c) todos los hombres cantan juntos,
   (d) una mujer o un hombre canta como solista.
   Por lo general, la configuración vocal se indica debajo del título del canto en la primera página. Esta se indica con el término "unísono". Para que los rangos de las voces queden bien cómodos, hay que ubicar la música mayormente entre el tono más grave que las sopranos pueden cantar y el tono más agudo que las contraltos pueden cantar; lo mismo con los hombres: el tono más grave que los tenores pueden cantar y el tono más agudo que los bajos pueden cantar. Esta es una configuración común para niños, para adultos que no saben leer música, o cuando hay pocos cantantes.

Melodía y contramelodía.
Esta configuración es casi igual a la anterior. Hay dos voces en el sentido de que hay más de una melodía sonando a la vez aunque no hay ninguna indicación sobre cómo dividir las voces. Generalmente se dividen los grupos de cantantes por la mitad sin tener en cuenta sus voces individuales o su sexo.

Dos voces
Hay dos configuraciones:
   (a) Las mujeres cantan una voz y los hombres otra. Generalmente esto se indica con: coro a dos voces: mujeres y hombres. Esta configuración tiene la misma limitación de rango que la de unísono.
   (b) Las sopranos y los tenores cantan una voz y las contraltos y los bajos otra. Las sopranos y los tenores cantan la misma línea en octavas diferentes al igual que las contraltos y los bajos. Esto se indica por "voces agudas" (sopranos y tenores) y "voces graves" (contraltos y bajos). Con esta configuración se pueden usar los rangos enteros de cada voz.

Tres voces
En esta configuración, generalmente los hombres cantan una sola voz juntos y las mujeres se dividen entre sopranos y contraltos. Esto es común cuando hay más mujeres en el coro que hombres. Se indica con: "sopranos, contraltos y hombres". Con esta configuración se pueden usar los rangos enteros de las sopranos y contraltos, pero no los de los hombres. El rango de la música para los hombres tiene que estar entre el tono más grave que los tenores pueden cantar y el tono más agudo que los bajos pueden cantar.
   Muchas veces se escribe música así para coros de jóvenes porque las voces de los varones están cambiando. En este caso el rango de la música para ellos queda entre el tono más agudo que la voz que está cambiando puede cantar y el tono más grave que la voz que no está cambiando puede cantar. Hay que ajustar la música para acomodar los rangos de voz de ambos grupos.

Cuatro voces
Esta es la configuración más común. Las mujeres se dividen entre sopranos y contraltos y los hombres entre tenores y bajos. Esto se indica con "SCTB" (Soprano, contralto, tenor y bajo). Usualmente se puede usar esta configuración con adultos

si hay por lo menos algunos cantantes en cada voz que saben leer la música.

Cinco voces
Esto es bastante común en coros grandes donde hay más mujeres que hombres. Se dividen las voces femeninas en tres voces: soprano I, soprano II y contralto. Esto se indica con "SSCTB".

Más de cinco voces
Los coros muy grandes y bien adiestrados pueden darse el lujo de dividir las voces femeninas y las varoniles hasta cuatro voces en cada sección: soprano I, soprano II, contralto I, contralto II, tenor I, tenor II, bajo I y bajo II. Esto se indica con "SSCCTTBB". Con una división así se pueden extender un poco los rangos. La I siempre indica las voces más agudas y la II las voces más graves en cada sección vocal. Por ejemplo, las sopranos I pueden cantar más agudas que las sopranos II y los bajos II más graves que los bajos I. Si hay bastantes cantantes bien preparados el efecto puede ser muy emocionante aunque son pocos los coros que pueden lograrlo. Se usa esta configuración con coros universitarios, profesionales o en iglesias con un coro de 100 o más integrantes.

    Use una variedad de agrupaciones vocales para evitar el aburrimiento y la monotonía. Aunque la música sea a cuatro voces, generalmente no queremos que el coro cante a cuatro voces desde el principio hasta el fin. Recuerde todo lo que hemos dicho en las lecciones anteriores sobre el papel del contraste. Esto es aun más importante en el uso de las voces. También se puede pintar la letra o hacer que el oyente se enfoque más en lo que dice la letra según lo que el compositor elige. Imaginemos por un momento un canto navideño. Los hombres pueden cantar cuando la letra habla de los pastores, y las mujeres pueden hacerlo cuando se trata de María o Elisabet. Al cantar sobre los ángeles el coro entero puede cantar a cuatro voces.

Ejemplos de algunas posibilidades

Hay un sinnúmero de posibilidades, variaciones y combinaciones. Lamentablemente no es posible demostrar todas en este libro. A continuación presentamos algunos ejemplos de las posibilidades más comunes, con el fin de estimular su imaginación. Sugerimos que, si es posible, toque los ejemplos en un instrumento o pida que alguien lo haga.

Ejemplo 8-2: Coro al unísono

Note en el ejemplo anterior:

C. 1 (compás 1)—Cantan mujeres solamente.

C. 2 (compás 2)—Cantan hombres solamente.

C. 3 (compás 3)—Cantan mujeres y hombres al unísono en octavas diferentes. Esta es una configuración fuerte.

Ejemplo 8-3: Coro a dos voces

Note en el ejemplo anterior:

C. 1—Coro a dos voces (dúo) entre mujeres y hombres (a dos voces)

C. 2—Dúo entre sopranos y contraltos (SC)

C. 3—Dúo entre tenores y bajos (TB)

C. 4—Coro duplicado a dos voces (dúo duplicado). El dúo entre las sopranos y contraltos se duplica en otra octava para incluir tenores y bajos. Sopranos y tenores cantan al unísono en octavas diferentes; contraltos y bajos cantan al unísono en octavas diferentes.

Ejemplo 8-4: Coro a tres, cuatro y cinco voces

Note en el ejemplo anterior:

C. 1—Coro a tres voces: soprano, contralto y hombres (SCH o V [varones])

C. 2—Coro a cuatro voces: soprano, contralto, tenor y bajo (SCTB)

C. 3—Coro a cinco voces: soprano I, soprano II, contralto, tenor y bajo (SSCTB)

Ejemplo 8-5: Uso de sonidos vocalizados

Hay un sinnúmero de maneras de usar *sonidos vocalizados*. Esta es la técnica de usar la voz como si fuera un instrumento de acompañamiento semejante a las cuerdas de la orquesta. Es común hacerlo como trasfondo para acompañar a un solista. Por ejemplo, en el compás 7 del ejemplo anterior, la melodía puede ser cantada por todas las sopranos o por un solista.

Los sonidos más comunes son "Uu", "Oh" y "Ah".

Normalmente se usa "Uu" en pasajes suaves, "Oh" en pasajes menos suaves y "Ah" en pasajes más fuertes. A veces se usan los tres en el orden presentado para ir aumentando la intensidad de la música.

Contramelodías

Ejemplo 8-6: Uso de contramelodías

Cuando se agregan contramelodías, las posibilidades se multiplican rápidamente. (Vea la Lección 7 sobre el acompañamiento para encontrar más detalles sobre el propósito de las contramelodías). Tenga en cuenta que la contramelodía puede ser una repetición de la melodía al unísono en otra octava (vea compases 1-4 en el ejemplo 8-6) o una línea vocal que armoniza con la melodía (vea compases 5-8 en el ejemplo anterior). Partiendo de esta base se pueden agregar todas las variaciones que hemos visto hasta ahora. Note que la melodía puede empezar y encontrarse en cualquier voz. Las demás voces pueden entrar en cualquier orden.

Otros consejos

La Lección 6 sobre la armonía contiene muchos consejos importantes sobre cómo escribir a cuatro voces, así que no será necesario repetirlos aquí. Tenga en cuenta las sugerencias sobre el uso de adornos (pp. 61, 62) y contramelodías (p. 63). También, los consejos sobre cómo vocalizar los acordes son sumamente importantes (vea pp. 66, 67). A esos consejos agregamos los siguientes:

En términos generales, en un arreglo *no debe haber más de una octava entre cada voz*. Cuando hay excepciones, usualmente éstas ocurren entre tenores y bajos.

Asegúrese de que todas las partes de la música funcionan bien juntas. Algunos compositores caen en el error de componer la música por partes sin pensar en cómo sonarán juntas. Por ejemplo, uno puede escribir la melodía y el acompañamiento, luego componer una contramelodía que suena bien con la melodía sin tener en cuenta si encaja con el acompañamiento. Si sigue componiendo otras partes así el resultado puede ser un verdadero desastre. En el proceso de hacer un arreglo, hay que hacer los ajustes necesarios para que cada parte de la música funcione y suene bien junto con el resto de ésta. La mayoría de las veces las armonías diferentes que surgen entre partes chocan entre sí, resultando en disonancias desagradables. Sea vigilante de que esto no ocurra.

Después de terminar su arreglo, el compositor *debe cantar cada voz —soprano, contralto, tenor y bajo— desde el principio hasta el fin.* Ya mencionamos que los compositores tienden a pensar verticalmente mientras que los ejecutantes experimentan la música de una manera horizontal. En vez de pensar en cada acorde por sí mismo hay que pensar en cuatro melodías sonando juntas. Debe cantarse cada voz desde el principio hasta al fin para determinar si cada voz funciona bien como melodía, sin saltos demasiado grandes o intervalos demasiado difíciles. Lo que más importa es que sea una experiencia agradable para los cantantes de cada voz. Nunca cantarán bien lo que no les gusta como suena. Si una porción es difícil de cantar, hay que preguntarse si la inversión requerida de tiempo para enseñarla realmente vale la pena. En la mayoría de los casos la respuesta es no. Si el acorde en las voces resulta incompleto, esto no es tan importante. Se puede rellenar el vacío con el acompañamiento.

Si puede encontrar un coro dispuesto a cantar sus composiciones será la ayuda más grande que puede recibir. En mi experiencia, siempre tengo que cambiar detalles después de oír una de mis composiciones cantada por primera vez. A veces cosas que me parecían fáciles resultan ser difíciles, y viceversa. Es una aventura emocionante cuando todo funciona bien y produce el sonido esperado.

Actividades prácticas

1. Escoja tres himnos y estudie los rangos de cada voz: soprano, contralto, tenor y bajo. ¿Cuál es el tono más agudo para cada voz? ¿Cuál es el tono más grave? ¿Cuál es el tono promedio?

2. Tome una melodía y haga un arreglo en las configuraciones siguientes según los ejemplos en esta lección (vea los ejemplos 8-2, 8-3 y 8-4).
   a. unísono
   b. coro a dos voces
   c. coro a tres voces
   d. coro a cuatro voces

3. Utilizando la misma melodía, haga un arreglo con sonidos vocalizados (vea ejemplo 8-5).

4. Utilizando la misma melodía, haga un arreglo usando una contramelodía (vea ejemplo 8-6).

5. Haga un arreglo final de la misma melodía uniendo las mejores configuraciones de los ejercicios 2 a 4.

Lección 9

LA ORQUESTACIÓN

Sería imposible incluir toda la información necesaria para hacer buenas orquestaciones en un libro tan corto como éste. Hay muchos libros escritos sobre esta materia; si usted realmente quiere llegar a hacerlo bien, debe valerse de ellos. Esta lección es como pasar un día con un maestro de golf o tenis: él no lo convertirá a usted en un profesional, pero sí puede mejorar notablemente sus habilidades con algunos consejos clave.

Instrumentos de transporte

En primer lugar, hay que entender que *existen instrumentos de transporte, y que no todos tienen el mismo transporte*. Este es un asunto que puede ser muy confuso para cualquier compositor. Instrumentos de transporte son aquellos para los cuales hay que componer música en una clave u octava diferente de la de su sonido verdadero. Muchos de los instrumentos de viento caben en esta categoría porque, por su construcción, sus tonos naturales son de otro tono que no es Do. La trompeta común, por ejemplo, es un instrumento en Si♭. Se llama así porque cuando el trompetista ve y toca la nota Do escrita en su partitura, produce el tono de Si♭ en vez de Do. El Si♭ que suena es una segunda más grave que el Do escrito. Si Do es la nota deseada, hay que escribir la nota Re, la nota una segunda más aguda, para que produzca Do.

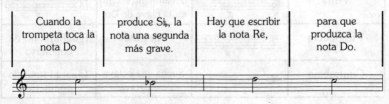

Ejemplo 9-1 Transporte de la trompeta en Si♭

Con algunos instrumentos, como el saxofón tenor de Si♭, la nota que se produce es una segunda más una octava más grave (es decir, una novena), como veremos en el cuadro más adelante sobre los transportes y los rangos útiles de los instrumentos más usados. Así que, *debemos conocer íntimamente el rango y el transporte de cada instrumento que queremos usar.*

Al hablar del transporte de instrumentos, se usan los términos *tonalidad de concierto (tono de concierto)* o la *tonalidad escrita (tono escrito)*. La tonalidad original de la composición y la tonalidad de concierto (tono de concierto) son iguales. La tonalidad escrita es la tonalidad que se usa para cada instrumento en particular en su partitura particular. Para un instrumento sin transporte, como la flauta, para que se produzca la tonalidad de concierto de Do mayor (si es la tonalidad original) hay que ejecutar la tonalidad escrita en el mismo Do, sin hacer cambios. Pero en el mismo caso de una composición en la tonalidad de concierto de Do mayor, la tonalidad escrita para la trompeta en Si♭ sería Re mayor (vea ejemplo 9-1), y el transporte sería diferente para cada instrumento con un transporte en particular.

A continuación veamos los transportes y los rangos factibles para la mayoría de los instrumentos de la orquesta en la tonalidad de concierto y en la tonalidad escrita en cada partitura particular:

Las cuerdas	Rango: tono de concierto	Transporte	Rango: tonos escritos
Violín		Ninguno	Igual al tono de concierto
Viola		Usualmente escrito en la clave de Do:	
Violoncelo		Ninguno	Igual al tono de concierto
Contrabajo		Suena una octava más grave	Igual al tono de concierto

Ejemplo 9-2: Notación de transporte y los rangos factibles para las cuerdas

Las maderas	Rango: tono de concierto	Transporte	Rango: tonos escritos
Flauta		Ninguno	Igual al tono de concierto
Clarinete		Si♭ Se escribe una segunda más aguda y se agregan dos bemoles a la armadura	
Oboe		Ninguno	Igual al tono de concierto
Clarinete bajo		Si♭ Se escribe una novena más aguda y se agregan dos bemoles a la armadura	
Fagot		Ninguno	Igual al tono de concierto
Saxofón contralto		Mi♭ Se escribe una sexta más aguda y se agregan tres bemoles a la armadura	
Saxofón tenor		Si♭ Se escribe una novena más aguda y se agregan dos bemoles a la armadura	

Ejemplo 9-3: Notación de transporte y rangos factibles para las maderas

Los metales	Rango: tono de concierto	Transporte	Rango: tonos escritos
Corno francés		Fa Se escribe una quinta más aguda y se agrega un bemol a la armadura	
Trompeta		Si♭ Se escribe una segunda más aguda y se agregan dos bemoles a la armadura	
Trombón		Ninguno	Igual al tono de concierto
Tuba		Ninguno	Igual al tono de concierto

Ejemplo 9-4: Notación de transporte y rangos factibles para metales

Una nota importante aquí: *No mantenga las notas de su orquestación por mucho tiempo en los dos extremos del rango del instrumento.* Esto desgasta a los instrumentistas prematuramente.

Escoja el tono más adecuado para su canto. Ya hemos visto que muchos de los instrumentos tienen sus transposiciones particulares. Hay que escoger un tono concierto para su orquestación que quede bien con todos los instrumentos después de ponerlos en sus tonos escritos correspondientes. Por lo general, los tonos con sostenidos son más cómodos para las cuerdas y los tonos con bemoles para los instrumentos de viento y bronce. Algunas preguntas que debe hacerse:

1. ¿Habrá alguna(s) transpocisión(es) en el transcurso del arreglo? y ¿cómo afectará(n) los tonos escritos de los instrumentos con transposiciones particulares?
2. ¿Quiénes van a tocar mi orquestación? ¿Son jóvenes o adultos?, ¿principiantes o profesionales?
3 ¿Cuál debe ser el nivel de dificultad en cuanto a los tonos escritos finales?

Ya que ha escogido el tono o los tonos más adecuados para su arreglo usted está listo para empezar. *Es importante arreglar la partitura según las normas de orquestación.* El arreglo de instrumentos en la partitura más común para iglesias es el orden siguiente: coro, flauta (1 y 2) , oboe, clarinete (1 y 2), bajón o clarinete bajo (opcional), trompeta 1, trompeta 2 y 3, corno 1 y 2 (duplicado con saxofón contralto), trombón 1 y 2 (duplicado con saxofón tenor y barítono), trombón 3 y tuba, batería, percusión 1, percusión 2, arpa, violín 1 y 2, viola (duplicado con clarinetes), cello (duplicado con bajón y clarinete bajo), bajo, ritmo (duplicado con todas las partes de las cuerdas en el sintetizador). Si no está seguro de cómo hacerlo, consulte otras partituras con la misma agrupación de instrumentos que tiene la suya.

Trate de escoger agrupaciones instrumentales lógicas para su orquestación porque si no, ¿quién va a tocarla? Además de escribir para la orquesta entera, es común hacer arreglos para las cuerdas o bronces solamente o para flauta y guitarra, por ejemplo. Son agrupaciones lógicas. Sería muy difícil encontrar a un grupo dispuesto a tocar una orquestación para trompeta, arpa, tambor y campana de camello, sin hablar del balance y sonido tan feo que resultaría si fuera posible lograrlo. Aun en orquestaciones normales, *es mejor no usar instrumentos exóticos o raros —como el oboe, por ejemplo— a menos que su parte sea duplicada en la parte de un instrumento más común.*

Debemos entender las habilidades y limitaciones particulares de cada instrumento que queremos usar. Ya hemos dicho que es fundamental un conocimiento de los rangos y transposiciones pero también debemos tomar en cuenta la posibilidad de otras habilidades y limitaciones. Algunos ejemplos:

- Los instrumentistas de viento y bronce, tanto como los cantantes, requieren aire. Hay que planificar descansos para respirar. Con las cuerdas se pueden escribir melodías y líneas imposibles de tocar en un instrumento que requiere aire.
- Para muchos instrumentos el cambio de abertura entre octavas requiere un cambio drástico de ubicación de manos. Sería imprudente, por ejemplo, planificar un trino con dos notas de octavas o aberturas diferentes o un pasaje de notas muy rápidas que cruza constantemente entre ellas.
- El clarinete tiene tres sonidos distintos en diferentes partes de su rango. Los compositores bien capacitados saben cómo aprovechar esta cualidad del instrumento. Resultaría muy raro una melodía que cruza de una parte del rango a otra sin propósito o por ignorancia.
- La fuerza de la trompeta es una ventaja pero también puede ser una debilidad si su arreglo incluye un coro. Tenga cuidado de no tapar las voces con su letra tan importante con instrumentos muy fuertes tales como la trompeta. Aquellos instrumentos pueden entrar entre pasajes cantados o en el preludio o puente instrumental del arreglo.

- Las cuerdas no tienen trastes, así que la afinación depende del buen oído de los que las tocan. Por esta razón, nunca se escribe algo al unísono para dos violines, por ejemplo, porque se puede oír la diferencia de afinación entre ellos. Debe asignar la música a solamente un violín, o a tres o más.

Debemos entender las características particulares de la música más común para cada instrumento que queremos usar. Es decir ¿qué tipo de música es común y adecuada para cada instrumento? Sería contraproducente, por ejemplo, pedir que la trompeta rasguee acordes o que la guitarra señale una fanfarria. (Escribir música no característica de un instrumento es una trampa muy común en la cual caen muchas personas haciendo pistas con MIDI en un teclado o computadora. Por eso las secuencias no parecen auténticas y es obvio que están hechas por MIDI. No se puede cambiar el instrumento solamente con una asignación diferente. Hay que escribir algo que realmente suene como el nuevo instrumento en el rango normal del mismo). ¿Cuál de los ejemplos siguientes es para trompeta y cuál es para flauta? *

Ejemplo 9-4: ¿Trompeta o flauta?

Al pensar en su arreglo, es muy útil dividir mentalmente los instrumentos en grupos o coros instrumentales. Un grupo puede ser los instrumentos que van a proveer el ritmo o acompañamiento básico. Ellos son un poco como el trasfondo de una pintura. Son usualmente todos los instrumentos de percusión, el piano, la guitarra, etc. Otro grupo puede ser los instrumentos que van a tocar la melodía. Finalmente, el

*Respuesta: Ejemplo A es para la trompeta y B es para la flauta.

grupo de los que van a armonizar haciendo dúos, tríos o contramelodías con la melodía principal. Es muy útil, también, pensar en agrupaciones de instrumentos acostumbrados a tocar juntos en coros: el coro de los saxofones (soprano, contralto, tenor y bajo), por ejemplo, o el coro de todos los instrumentos de bronce, o las cuerdas (el violín, la viola, el violoncelo y el contrabajo), etc. En la mayoría de las iglesias hay pocos instrumentos, así que *es práctico hacer que el teclado sea la base armónica de la orquestación.* Si le hace falta instrumentos, pueden tocar junto con el piano como quiera sin que haya faltas de notas en la textura armónica de su presentación.

Hemos hablado mucho de la importancia del contraste en cualquier composición. Lo mismo se aplica a la orquestación. *Haga muchos contrastes de instrumentos.* No use los mismos instrumentos todo el tiempo. Comparta la melodía y otras tareas con varios instrumentos especialmente cuando hay pasajes difíciles. (Vea el ejemplo 5-11 en la p. 47 de la lección 5 sobre la melodía). Los instrumentistas tanto como los oídos de los oyentes necesitan descansos. Agregue más capas instrumentales cuando está yendo a un clímax musical de la composición y vaya quitándolos cuando está yendo a un descanso. (Vea los ejemplos 7-23 y 7-24 en la p. 80 de la lección 7 sobre el acompañamiento).

El *nivel de dificultad de la orquestación debe ser igual para cada instrumento.* Sería muy difícil encontrar a una orquesta en la cual la mayoría toca a un nivel moderado y que haya un oboe profesional, por ejemplo, o que los clarinetes tocan muy bien y los trombones muy mal. En la mayoría de los casos el nivel de capacitación de cada persona en un grupo instrumental es más o menos igual y sería imposible predecir cuáles tendrán más capacitación que otros al menos que tenga un conocimiento íntimo acerca de un grupo en particular. En este caso sí se puede ajustar el nivel de dificultad para cada miembro, pero tiene que darse cuenta de que, a lo mejor, serán los únicos que pueden interpretar la partitura. ¡Qué pena sería si otros grupos pierden el gozo de interpretarla también!

Asegúrese de que todos tengan algo interesante para tocar y que todos toquen, más o menos, la misma cantidad de música. Si es un arreglo muy largo, todos necesitarán descansos en el transcurso de la música pero el sonido general no será muy bueno si una parte del grupo tiene algo muy interesante que tocar y los demás se sienten aburridos. Al igual que un coro, un grupo con instrumentistas descontentos nunca suena muy bien.

Esto es una trampa muy común con compositores que: a) tocan un instrumento de la orquesta, b) aman el sonido de un instrumento mucho más que otro o c) no tienen un buen conocimiento de todos los instrumentos. Ellos escriben muy bien para su instrumento "especial" y pobremente para los demás. A mí me encanta, por ejemplo, el sonido del oboe pero no tanto el del clarinete (con el perdón de todos que tocan el clarinete) así que tengo que esforzarme realmente para que el oboísta y el clarinetista tengan algo igualmente satisfactorio que tocar.

Y por fin, tal vez el mejor consejo de esta lección es: *hágase el mejor amigo de alguien que toca el instrumento para el cual le gustaría escribir.* Es decir, si usted no sabe cómo tocarlo, puede aprender de él cómo funciona el instrumento y puede probar con él sus arreglos y composiciones.

El mundo instrumental es un lugar lleno de posibilidades y requiere una vida de aprendizaje y experiencias. Estúdielo, pruébelo y que disfrute la aventura que usted tiene por delante.

Actividades prácticas

1. Estudie las partituras o grabaciones de orquestaciones favoritas. Hágalo concentrándose solamente en un instrumento o coro de instrumentos a la vez. Tome en cuenta cómo se ha usado cada instrumento, coro o agrupación. ¿Cuáles son las características y funciones de cada uno? ¿Qué le gusta? ¿Qué no le gusta? ¿Cuáles son algunas combinaciones de instrumentos o efectos instrumentales que le gustaría usar también?

2. Tome un arreglo para piano y trate de adaptarlo para orquesta o una agrupación pequeña de instrumentos.
3. Empiece a escribir música para instrumentos haciendo lo siguiente:

   a) Escriba algo para un instrumento particular. Si es posible, pruébelo con alguien que pueda tocarlo.

   b) Escriba algo para un coro de instrumentos: cuerdas, saxofones o tres trompetas, por ejemplo. Otra vez, si puede, pruébelo con personas que tocan esos instrumentos. Si es posible, empiece con agrupaciones que incluyen un instrumento que usted toca y luego agrupaciones que no lo incluyen.

   c) Por fin, trate de escribir algo para toda la orquesta. Como hemos dicho en otras lecciones, trate de imaginarlo antes de escribirlo porque su imaginación es la clave, no sus habilidades. Cualquier cosa que usted puede imaginar, tarde o temprano, podrá aprender a realizarla.

Lección 10

CÓMO ESCRIBIR UN CANTO Y HACER ARREGLOS, PASO A PASO

En esta lección queremos presentarle, paso a paso, cómo componer un canto y hacer arreglos vocales y/o instrumentales. Es mucho más fácil hacerlo si podemos trabajar en un solo paso a la vez sin preocuparnos por la composición entera. Aunque el orden de los pasos puede variar de compositor a compositor, el orden siguiente es el más común. Seguramente desarrollará su propia manera de hacerlo después de haber probado este orden varias veces.

Hay algunos pasos que se usan en cualquier arreglo y otros pasos que son particulares a solamente voces o a instrumentos, así que hemos arreglado los pasos en dos columnas. La información que se aplica solamente para voces aparece en la columna izquierda, la información que se aplica solamente para instrumentos aparece en la columna derecha; si la información se aplica a ambos aparece en el formato normal, es decir: abarcando las dos columnas. Hasta cierto punto, esto es un resumen de todo lo que hemos aprendido en este libro hasta ahora, pero habrá elementos nuevos también.

Paso 1: La letra

VOCES	INSTRUMENTOS
Escriba o escoja una letra. Si va a usar letra escrita por otra persona, le conviene escoger una sin derechos de autor. Los derechos de la letra de un canto son vigentes durante la vida del compositor o autor, más 75	

años después de su muerte. Después de ese tiempo la letra pasa a ser de "dominio público" en el cual se la puede usar sin pedir permiso; por lo general una casa editorial prefiere esto último. La mayoría de los himnarios contiene himnos cuya letra es de dominio público. No se olvide dar mucha atención a la letra. (Vea Lecciones 2 y 3 sobre la letra).

Paso 2: La melodía

Componga una melodía. No se olvide del consejo de tener "un buen matrimonio" entre la letra y la melodía. (Quizá puede escoger, para su letra, una melodía excelente que ya existe, pero es dudable que llene el requisito de una estrecha relación entre los dos).

Componga o escoja una melodía. Si va a usar la melodía de otra persona, le conviene escoger una sin derechos de compositor. Los derechos de un canto o una tonada duran la vida del compositor, más 75 años después de su muerte. Después de eso los cantos pasan a ser de "dominio público", es decir cuando ya se puede usar sin pedir permiso; una casa editorial prefiere esto último. La mayoría de los himnarios contienen melodías de dominio público.

No se olvide de componer la melodía sin instrumento. Es mejor componerla mentalmente, cantarla en una grabadora para guardarla, y después anotarla al llevar a cabo el proceso de encontrarla en un instrumento. (Vea las Lecciones 4 y 5 sobre la forma en la música y la melodía). Al anotarla deje dos pentagramas en blanco debajo del pentagrama de la melodía para anotar el acompañamiento preliminar, como veremos en el paso siguiente.

Paso 3: El estilo de acompañamiento

Enfatizo que *esto es un proceso que debe hacerse sin instrumento para no caer en el error de usar su estilo (o figura) de acompañamiento favorito*. No siempre se logrará "el mejor matrimonio" entre letra, melodía y acompañamiento. (Vea la Lección 7 sobre el acompañamiento). Cuando ya tenga una idea fija sobre cómo debe sonar el acompañamiento, estará listo para ir a un instrumento para buscarlo, pues ya estará escuchándolo en su mente. Anote, encima de la melodía, los acordes que quiere usar, e interprételos con el estilo o figura de acompañamiento que ha seleccionado. Anote el resultado en los dos pentagramas que dejó en blanco debajo de la melodía.

En la mayoría de los casos *el acompañamiento principal para voces es el piano*. Si no sabe cómo tocar el piano, busque a alguien que sepa tocarlo y que le pueda ayudar.

Use los dos pentagramas que dejó en blanco para anotar un acompañamiento básico para el teclado. Ponga por escrito ideas generales sobre cuáles instrumentos asignará después.

Paso 4: El arreglo entero

Prepare una hoja de papel de pentagrama con la letra, dejando suficiente espacio alrededor para escribir sus anotaciones. Le conviene hacerlo sin instrumento. Piense en cuáles voces cantarán y cuándo. Escriba instrucciones tentativas encima de la letra como "hombres al unísono" o "mujeres a dos voces".

Sus indicaciones deben ser lógicas. Por ejemplo, si la letra es un testimo-

Prepare una hoja de papel de pentagrama con la melodía escrita varias veces, dejando suficiente espacio alrededor para escribir ideas adicionales. Recuerde que siempre le conviene hacerlo sin instrumento. Piense en lo que los instrumentos tocarán. Apunte ideas encima de la melodía como: "Flauta en la melodía con las cuerdas en los acordes" o "fanfarria de trompetas entre estas frases". Debe poder oír el arreglo clanio personal como: "yo era un errabundo peregrino", no sería lógico que el coro entero la cantara. Sería mejor programarla para un solista con acompañamiento coral. Otro ejemplo: en un arreglo del canto "Vida Abundante", la segunda estrofa empieza con: "La mujer que fue y tocó el vestido del Señor". Es lógico que las damas canten esta letra (vea la Lección 8).

ramente en su mente. (Vea la Lección 9 sobre la orquestación).

Si el arreglo instrumental es para acompañar un coro, cuidado de no ahogarlo con instrumentos fuertes como la trompeta. También, tenga en cuenta la posibilidad de terminar el arreglo con las voces cantando, porque en la música cristiana el enfoque debe ser en las voces y en la letra que están cantando, no en los instrumentos.

También pueden anotarse comentarios como "interludio instrumental", "desarrollo del tema principal", "cambio de tonalidad", "momento de silencio" y dónde se encuentra el clímax del arreglo. Este es el momento de anotar todos los elementos que está escuchando mentalmente para no olvidarlos después. Es conveniente cantar, tararear o silbar sus ideas en una grabadora para no olvidarlas.

Paso 5: La escritura del arreglo

Ahora es el momento de ir escribiendo su arreglo guiado por la hoja que preparó en el paso anterior. Es importante tener en cuenta algunos consejos:

Siempre piense en la manera más fácil de lograr su objetivo musical. El reto más grande, y lo que resulta mucho mejor, es hacer un arreglo sencillo y agradable tanto para cantar como para tocar, y que a la vez resulte interesante. Muchas veces es más difícil escribir música fácil que escribir música difícil.

Busque una tonalidad para el arreglo basado en varios factores clave.

Piense en el rango de los cantantes y la tonalidad más fácil para el instrumento (o los instrumentos) de acompañamiento. (Vea la Lección 8). Generalmente los pianistas prefieren tonalidades con bemoles y tonalidades con un máximo de dos sostenidos. En cambio los guitarristas prefieren tonalidades con sostenidos o con un máximo de un bemol.

Piense en el rango y también en los transportes particulares de los instrumentos y las tonalidades más fáciles para todos. Mejor usar una tonalidad de concierto que resulta en tonalidades escritas más fáciles para todos. (Vea la Lección 9 sobre la orquestación). Generalmente las cuerdas prefieren tonalidades con sostenidos, y los vientos tonalidades con bemoles.

Si tiene que pasar por una tonalidad difícil es mejor no prolongarla por mucho tiempo y pasar a otra tonalidad más fácil tan pronto como sea posible. La tonalidad puede afectar el carácter de la música especialmente en arreglos instrumentales. Si es un canto de alabanza y quiere que sea más movido e inspirador, a veces es mejor escoger una tonalidad más aguda o una con sostenidos. Al contrario, si es un canto de adoración más suave y meditativo algunos prefieren una tonalidad más grave o una con bemoles. (El hecho de usar tonalidades con sostenidos o bemoles no afecta el carácter de la música en un teclado por el tipo de afinación que emplea, pero cualquier violinista le dirá que a él sí le afecta mucho. La falta de trastes en la familia de cuerdas significa que siempre puede tocar en temperamento perfecto. Para ellos, un Do# y un Re♭ no son la misma nota, como es en cualquier instrumento de teclado).

No tiene que arreglar la música de principio a fin. Después de escribir la melodía o las voces corales, puede ir poniendo el acompañamiento en los lugares en los cuales ya sabe lo que quiere hacer y llenar los espacios en blanco después. En mi caso, *siempre lo último que compongo es la introducción.* Muchas veces uso la música de la sección B o de la *coda* final en la introducción del canto para que suene conocido después, cuando llegue a aquellas partes de la música. De todos modos, ¿cómo se puede escribir una introducción sin saber lo que viene después? Por eso la introducción debe escribirse al final.

Mientras que está haciendo el arreglo musical, óigala mentalmente desde el principio hasta el fin para determinar si hay pasajes demasiado largos o cortos en ciertos lugares. Es como contar un buen chiste: la manera de contarlo vale tanto como lo que se cuenta.

Al ir completando su obra, *quite todo lo que no contribuye a la presentación.* Por ejemplo, quite notas no necesarias en los acordes. No debe haber ni siquiera una nota de más en el arreglo. Si lo puede expresar de una manera más sencilla, mejor todavía. Aquí se vuelve a aplicar el principio de la conservación de materiales (Vea el ejemplo 7-25 en la Lección 7). Cada nota debe tener una importancia vital en la presentación, o no tiene ninguna razón de estar allí.

Paso 6: Las indicaciones de interpretación

Ahora es tiempo para *poner todas las indicaciones de interpretación* si todavía no las ha puesto. Esto incluye la indicación de *tempo* inicial, cambios de compás, *crescendos y decrescendos, ritardandos y accelerandos,* signos de dinámica y articulaciones especiales. No hay cosa peor que oír su composición mal interpretada. Por eso, sea lo más preciso posible. (Vea la Lección 7 sobre el acompañamiento).

Paso 7: El tiempo de "fermentación"

Cuando el canto o arreglo parece haber llegado a su estado final déjelo descansar unos días antes de mostrarlo a los cantantes o instrumentistas. Es como ponerle levadura a una masa; necesita fermentarse. De la misma manera, usted necesita fermentar en su mente las ideas musicales, y después el arreglo. Déjelo durante varios días para poder volver a escucharlo más objetivamente. La desventaja de trabajar en el mismo proyecto día tras día es que así es difícil notar problemas.

Después de haberlo escuchado tantas veces aparentemente suena bien, aunque no sea así. Alejarse de la música por unos días le dará una perspectiva diferente. Además, en el transcurso de las próximas semanas, en los momentos menos esperados, se le ocurrirán cositas que pueden mejorar mucho la composición.

Llegará al momento cuando es hora de mostrar el canto a otros, aunque todavía esté pensando en otras ideas para mejorarlo. Es como preparar palomitas de maíz: al llegar al punto cuando no se oye el sonido de tantas palomitas, ha llegado el momento de apagar el fuego y comérselas. De la misma manera, cuando se van apagando las ideas es hora de dar por acabado el arreglo. Si no lo hace seguirá obsesionado con el mismo proyecto. ¡Siga adelante! Otra música necesita su atención.

Paso 8: La prueba y los ajustes finales
Después de terminar su arreglo, es tiempo de *probarlo* y hacer los ajustes finales.

Hay que cantar cada línea vocal sola: soprano, contralto, tenor y bajo, para ver si funciona o no. Si usted como compositor no puede cantarlo, menos podrán hacerlo los demás. Luego, trate de probarlo con cantantes. Siempre habrá cosas que cambiar. En la Casa Bautista de Publicaciones nunca se imprime la partitura antes de grabarla porque en el estudio de grabación siempre surgen cambios. (Vea la Lección 8).

Hasta donde le sea posible, busque amigos que toquen los diversos instrumentos incluidos en su arreglo para ver si las partes que ha escrito funcionan o no. Es especialmente importante hacerlo con instrumentos que usted no conoce bien o con los cuales tiene poca experiencia. Si puede lograr oír el arreglo entero en vivo, mejor todavía. Tenga en cuenta que un arreglo puede sonar maravilloso en un sistema *MIDI*, pero no en vivo. La computadora puede lograr cualquier efecto. Los instrumentistas están trabajando con instrumentos reales, con sus ventajas y limitaciones reales. (Vea la Lección 9 sobre la orquestación).

Paso 9: Y por fin...
Si ha llegado hasta aquí, ¡felicítese! Lo logró, y ya está listo para mandar su composición a una casa editorial. ¡Nuestros oídos le esperan!

Actividades prácticas

1. Hacer un arreglo o escribir una composición original vocal siguiendo los pasos. Debe tener por lo menos 16 compases.

2. Hacer un arreglo o escribir una composición original instrumental siguiendo los pasos. Debe tener por lo menos 16 compases.

Lección 11

CÓMO PUBLICAR SU COMPOSICIÓN

Para un compositor, las dos cosas más emocionantes son oír su composición interpretada por primera vez y lograr publicarla. Lamentablemente muchos compositores no logran publicar sus cantos por no seguir algunos consejos sencillos. Consideremos algunos de ellos:

Estudio preliminar
Estudie las publicaciones de las editoriales para saber lo que publican. Es contraproducente y una pérdida de tiempo mandar una composición excelente a una editorial que no publica el estilo (por ejemplo, tradicional o contemporáneo) o tipo (por ejemplo, coral o instrumental) de música que usted está mandando. Por eso, yo no mandaría una composición tradicional a una editorial que publica música contemporánea, ni tampoco una obra coral a la que publica solamente música instrumental.

Mantenga un archivo de las editoriales con nombre, dirección, número de teléfono y nombre del editor de música de cada editorial. Incluya información en cuanto a qué tipo y estilo de música publican. También puede pedir que le envíen la información que mandan a todos sus compositores sobre las normas musicales para una publicación. Pida una lista de las composiciones más exitosas de la editorial. Estúdielas y produzca algo similar en cuanto al estilo.

Sepa quiénes son los editores. Es sumamente importante ir conociendo a los editores de música en las casas editoriales a las cuáles quiere mandar su música. Preséntese a los editores y llámelos de vez en cuando para preguntarles cuáles tipos de composiciones están buscando o necesitando en ese momento. Si los editores son compositores también, estudie su música para poder ofrecerles obras compuestas en las mismas formas y estilos que las de ellos. Las composiciones del editor son obviamente sus preferidas. En muchos casos son editores porque son buenos compositores, y saben lo que las iglesias y el público requiere. Usted puede y debe aprender mucho de ellos. *Antes de enviar una composición a un editor, primero póngase en contacto con él.* Preséntese y explíquele lo que tiene para ofrecer (el estilo y tipo de música). Describa brevamente su experiencia y su uso de la música que desea publicar. Si está dentro de su alcance hacerlo, pregúntele si tendría interés en recibir un casete de demostración con una fotocopia de la letra y la música. Exprésele que le agradecerá su respuesta, tenga o no interés en su composición.

Presentación de su composición

Una editorial jamás tendrá más interés en su música que usted mismo. Dicen que la primera impresión que uno hace es también la impresión más duradera. Si la presentación de su partitura da la impresión de que no es importante para usted, no lo será para ellos tampoco. Por otro lado, si ha prestado mucha atención a la presentación, el editor le prestará mucha atención. Es como presentar un currículum vitae para obtener un empleo. Aquí van algunas pautas para que su composición haga la mejor impresión posible:

1. Debe ser bien limpia y legible.
2. No use más de 12 sílabas por línea.
3. No use más de 24 notas por línea en la parte vocal o instrumental con excepción de canciones en el compás de 12 por 8.
4. Use una partitura cerrada (sopranos y contraltos en un pentagrama, tenores y bajos en el otro) siempre y cuando sea posible, en lugar de una partitura abierta (cada voz en su propio pentagrama) que se usa muchas veces cuando hay mucha polifonía.

5. No use más de 12 pentagramas por página: por ejemplo, tres sistemas de cuatro pentagramas o cuatro sistemas de tres pentagramas.
6. Como regla general, use cuatro compases por sistema en compases de 3 por 4, 6 por 8 y 2 por 2 y tres compases por sistema en compases de 4 por 4 y 9 por 8. La cifra de compás de 12 por 8 usualmente no requiere más de dos compases por sistema.
7. Escriba solamente en un lado de la hoja. Deje el otro lado en blanco.

Y por último, si no sabe cómo anotar algo, es recomendable buscar un ejemplo similar a lo suyo en una composición ya publicada. La mala ortografía dará una mala impresión al editor, y más aun a los que podrían llegar a tocar y/o cantar su composición.

Maneras de enviar la composición

Su manera de enviar la música depende de su conocimiento musical, pero siempre conviene mandar un casete de demostración.

Lo más básico sería una grabación del canto en casete junto con una fotocopia de la letra escrita a máquina. Si puede, mande un casete o disco compacto grabado profesionalmente, aunque esto está fuera del alcance de la mayoría de los compositores. Un casete *MIDI* hecho en computadora es mejor que una mala presentación en vivo. En todo caso, haga lo mejor que pueda según sus circunstancias.

Si es un arreglo ya desarrollado, envíe lo anterior más el arreglo musical escrito en papel de pentagrama. Si no confía en su habilidad de anotarlo correctamente con notación musical tome la decisión de seguir estudiando para poder hacerlo en un futuro cercano. También puede pedir ayuda de otro que puede anotarlo bien o comprobar su notación musical.

Prepare una fotocopia de la partitura con una copia del casete de demostración para enviar, y no el original. Siempre conserve el casete original y la partitura original en sus archivos personales, para prever cualquier eventualidad.

Envío de su composición a las editoriales
Hágase una lista de todas las editoriales a las cuales piensa mandarle la partitura antes de enviársela a la primera. Así, en caso necesario, estará preparado para mandársela a la próxima editorial en su lista sin tener que pensarlo. Ha habido casos en los cuales las editoriales han aceptado composiciones después de haberlas rechazado una o dos veces anteriormente. Todo depende de lo que necesitan en ese momento y cuál editor la está revisando.
Nunca mande la composición a más de una editorial a la vez. Si más de una quiere publicarla, usted habrá cometido el error más grave en la comercialización de la música; es dudoso que esas editoriales pongan atención a la música que les mande después.
Tenga paciencia. El proceso de evaluación toma mucho tiempo; si aceptan su composición, necesitan aun más tiempo para publicarla y todavía más tiempo para enviarle a usted el primer pago. Lo normal es más o menos seis meses para evaluarla y un año para publicarla. Es aceptable hacer un contacto cordial con el editor cada dos o tres meses para averiguar el estado de su composición, pero no debe molestarlo demasiado.

Relaciones con las casas editoriales
No se desanime si sus composiciones son rechazadas. Cada compositor exitoso tiene un archivo más grande de música rechazada que de música publicada, y esto sigue siendo el caso aun después de que llega a ser famoso. Hay que pensarlo en términos matemáticos: si van a aceptar una composición por cada diez que envíe, ya sabe que para tener cinco composiciones publicadas tendrá que mandarles 50. ¡Adelante! Muchas veces las editoriales tienen que rechazar una composición buena por razones como las siguientes: (a) ya tienen todas las composiciones que pueden publicar en el año, (b) el estilo o la instrumentación no es lo que se encuentra normalmente en

su línea de publicaciones, (c) ya tienen demasiadas composiciones sobre el tema que ha escogido (Salmo 23, por ejemplo, u otro arreglo de "Cuán grande es él"). Un rechazo no significa que su composición no es buena.

Esté dispuesto a aceptar las sugerencias y los requisitos de los editores. Muchas veces pasa que una editorial quiere publicar un canto o arreglo si el compositor está dispuesto a cambiar ciertos elementos y detalles. El hecho que un compositor no esté dispuesto a cooperar en este sentido es señal de una falta de profesionalismo; prefiere guardar su composición en un archivo en lugar de compartir la bendición con los demás. Sin saberlo, se está suicidando profesionalmente. A ningún editor le gusta trabajar con un compositor difícil; y sus composiciones nunca recibirán una buena aceptación por parte de las editoriales con una actitud como ésta.

Mi experiencia ha sido que cualquier cambio pedido por el editor mejora mucho la composición. Siempre me ha gustado más la composición con los cambios que me han pedido. Los editores tienen mucha más experiencia y conocimiento que los compositores acerca de lo que el pueblo cristiano necesita y quiere; ellos saben lo que se vende. Coopere con ellos porque quieren que usted tenga éxito. Una buena relación con ellos puede rendir mucha bendición a través de los años para el compositor y para el cuerpo de Cristo.

Los derechos de autor. No es necesario que usted mismo consiga los derechos de autor antes de mandar su composición a una editorial de buena reputación. Según la ley de *copyright* internacional, si usted la escribió, ya es suya. Sin embargo, es difícil que una editorial publique su composición sin retener los derechos. La casa editorial compra su composición y firma un contrato con usted. Esto se hace en una de dos maneras: (a) puede ser que la editorial compre el canto por un monto fijo o (b) pague regalías regularmente. Con frecuencia las editoriales pagan el 10% del costo de la música como regalía, la cual se divide entre todos los autores, compositores o arreglistas, si hay más de una persona involucrada.

Hay ventajas y desventajas en ambos sistemas.

Si es la primera vez que algo suyo es publicado, probablemente ganará más dinero vendiendo su composición por un monto fijo, porque el sistema de regalías depende de las ventas del canto. Además, uno recibe su pago de una vez sin tener que esperar a que se venda. Por otro lado, con regalías un buen canto puede vender por muchos años y beneficiar al compositor durante el resto de su vida, aunque esto es más la excepción que la regla. La verdad es que casi nadie puede ganarse la vida solamente componiendo música cristiana. Como músico cristiano, lo que me anima más es pensar cómo mi ministerio se ha difundido a tantas personas que no conozco. No conoceré el fruto de mis composiciones hasta que llegue al cielo. ¿No sería emocionante llegar al cielo y conocer a gente que aceptó a Cristo por medio de un canto que usted escribió?

Por último, *la palabra clave es: perseverancia*; los que la tienen en abundancia tarde o temprano lograrán ver que sus composiciones son publicadas. Las editoriales dependen de música nueva. Si usted puede componer lo que ellas están buscando y necesitando, establecerá una relación verdadera con ellas. Sobre todo, crea en sí mismo y no deje que nadie lo desanime. Si la obra es para el Señor, todo es posible en él que nos fortalece. ¿Ha puesto ya su última composición en el correo? Si no lo ha hecho, ¿por qué no?

Actividades prácticas

1. Prepare una lista de casas editoriales por las cuales le gustaría ser publicado.

2. Prepare un sistema de administración para sus composiciones para poder llevar un control de cuáles están en composición, cuáles están en el correo, a quiénes fueron enviadas, fechas de rechazo y aceptación, fechas de publicación, direcciones de las casas de publicaciones con los números de telé-

fono, de fax y la dirección del correo electrónico de los editores principales. La manera de hacerlo no importa tanto si el sistema llena sus necesidades y funciona bien para usted.

3. *(Opcional)* Haga contacto con el editor principal de música de cada casa editorial. Hágale preguntas sobre los estilos de música que publican y las necesidades actuales de la editorial. Pídale una hoja de instrucciones para compositores. Si le dice que necesitan, por ejemplo, cantos sobre acción de gracias, ¡mándeles por lo menos cinco cantos originales sobre ese tema en el transcurso del mes entrante!

4. *(Opcional)* Si es posible, planifique o aproveche un viaje a una conferencia de música en la cual usted puede conocer a varios editores de casas de publicaciones. Usted debe conocerlos y ellos también quieren conocerle a usted.

Lección 12

EPÍLOGO: LOS HÁBITOS DEL COMPOSITOR EXITOSO

Estamos por terminar nuestro libro sobre cómo arreglar y componer la música. Veamos algunos pensamientos finales: varios pensamientos clave que ya hemos considerado y algunos pensamiento nuevos. Usted ya ha aprendido que la composición requiere mucho trabajo y dedicación especial. André Maurois ha dicho: "Escribir es una obra muy difícil que uno aprende muy lentamente. Uno tiene que leer autores famosos, tratar de imitarlos y después tratar de ser original. Hay que eliminar las primeras producciones y comparar las producciones siguientes con obras famosas y, otra vez, eliminarlas. Tiene que quitar pasajes enteros, desde llorar de desesperación hasta ser más severo que los críticos. Después de diez años así, si tiene talento, uno puede empezar a escribir de una manera aceptable". Estas palabras parecen demasiado severas, pero lo más seguro es que usted estará de acuerdo conmigo al decir que el Señor de toda la creación merece lo mejor.

Los mejores compositores entienden muy bien el proceso creativo del cual hemos hablado al principio de este libro. Ponen todas las ideas en marcha para aprovecharlas al máximo. Si todavía no ha leído la Lección 1 o la ha olvidado un poco, ahora sería un buen momento para volver al principio del libro y revisar esa parte antes de seguir.

Escuche mucha música, especialmente música compuesta en los estilos en los cuales le gustaría componer. Escuche radio, casetes y discos compactos. La red electrónica (Internet) es un buen lugar para encontrar canciones que se pueden trasvasar a su computadora con el fin de analizarlas. Debe ir ampliando su vocabulario musical; satúrese de la música para que las ideas musicales más apropiadas salgan en el momento que las necesita. Si no está escuchando mucha música buena, jamás podrá escribirla.

También, *tiene que analizar la música de otras personas,* especialmente la que ha pasado la prueba de los años. Es una buena idea mantener un archivo de cantos favoritos para estudiar los acompañamientos, las cadencias y modulaciones, la estructura de la letra y la forma de la melodía y arreglo, etc. Por esto debe aprovechar toda oportunidad de conseguir partituras y grabaciones de la música que le gusta.

Una cosa es copiar la música de otras personas, lo cual no es ético, pero otra cosa es tomar prestado ideas, estilos y progresiones armónicas e imitarlos. Una progresión armónica o un estilo, como el merengue, no es exclusivo de nadie. Todos los compositores se valen de elementos musicales ajenos; por tanto, no se preocupe si sus primeros intentos se parecen mucho a los de otras personas. Al principio, si logra producir una música como la de un compositor famoso va en buena dirección. Esto es lo que todos los estudiantes de composición deben hacer, pero pocos lo entienden.

En cierta oportunidad yo quería escribir un arreglo para banda similar a los arreglos de mi maestro de composición. Llegué a clase con los primeros 20 compases. Después de oírlo, mi maestro comentó alegremente que la música sonaba como una de sus propias composiciones. Lamentablemente reaccioné mal pensando que era una crítica, y dejé la composición porque me sentí avergonzado. Años después caí en la cuenta de que mi maestro me estaba felicitando y que se había decepcionado porque yo no había seguido con el arreglo hasta terminarlo.

Trate de aprender algo de cada compositor. Usted es una mezcla de todas las experiencias musicales que ha tenido en su vida. Busque la compañía y la opinión de otros compositores exitosos que le pueden ayudar. *Aprenda a aceptar el criterio de otras personas y, sobre todo,* como ya lo hemos dicho, *el de los editores* que se toman el tiempo para evaluar sus composiciones porque en su música han visto algo prometedor.

Recuerdo que cuando empecé a componer llegaba a casa emocionado por una de mis composiciones que usualmente no era muy buena. Mis padres siempre escuchaban con cortesía y con una gran sonrisa comentaban: "¡qué interesante!". ¡Qué paciencia tenían ellos! Mis padres no querían desanimarme, y por eso les estoy muy agradecido. Busque retroalimentación de otras personas que pueden ayudarle en su formación como compositor. Doy gracias a Dios por las personas que él ha puesto en mi camino a través de los años.

Piense pragmática y artísticamente al mismo tiempo. La composición más artística no será tocada ni escuchada por nadie si el compositor no tiene en cuenta los principios y consejos prácticos que hemos recopilado en este libro. Si nadie puede tocarla o cantarla, ¿para qué sirve? Por otro lado es pérdida de tiempo escribir una composición que sigue todas las reglas al pie de la letra, pero que no nos conmueve ni nos comunica nada. Debe buscar el equilibrio adecuado entre lo práctico y lo artístico. Los compositores más famosos lo hacen.

Escribir música es una actividad que nunca parece ser urgente; los asuntos urgentes siempre ocupan el primer lugar. *Hay que establecer un horario fijo para componer* y no dejar que nada ni nadie lo interrumpa. Los compositores cristianos exitosos han decidido constantemente que la composición sí es asunto urgente, y toman muy en serio los versículos bíblicos que nos mandan cantar un cántico nuevo a nuestro Dios. Por lo tanto, tenga usted en cuenta los sacrificios que le exigirá componer música y prepárese para hacerlos.

Establezca metas. Póngase la meta, por ejemplo, de escribir la letra de tres cantos por semana o dos arreglos corales cada semana o cada mes. Otro tipo de meta podría ser, por ejemplo, *organizar su trabajo* con un archivo dividido por secciones como las siguientes:

- Letras todavía sin melodías
- Música en el proceso de composición
- Música para enviar nuevamente
- Música ya enviada
- Música recibida por la casa publicadora
- Música para ser publicada
- Música publicada. (Note que no hay una sección para música rechazada. Mantenga su música en el correo).

En última instancia, hay tres cosas muy importantes: *(1) componer, (2) volver a componer y (3) volver a componer otra vez.* ¿Recuerda el paso 7 en la Lección 10 sobre el descanso necesario para que las ideas y el arreglo entero puedan fermentar en su mente? Beethoven y Brahms siguieron revisando y cambiando sus composiciones constantemente. Son muy pocos los genios, como Mozart, que escribían la música perfectamente la primera vez, sin necesidad de un borrador; aunque algunos dirían que la música de Beethoven o de Brahms es mucho más rica y variada que la de Mozart.

Al final del día *deje de componer cuando ya tiene muy claro en la mente lo que piensa escribir próximamente, para que no tenga que iniciar el día siguiente sin saber lo que sigue en su composición.* Siempre es mejor dejar de componer antes de estancarse. Es más fácil regresar a la tarea cuando ya sabe lo que hará.

Vale la pena repetirlo: la mejor manera de llegar a ser un compositor exitoso es *componer, volver a componer y componer otra vez y siempre.* Sería raro que su primera composición fuera la mejor. ¡Quién sabe cuántas composiciones tenga que componer antes de escribir un canto realmente famoso que servirá de bendición al pueblo de Dios por muchos años! La música no compuesta hoy es música perdida para siempre que el tiempo no recuperará.

Tiene usted por delante un gran futuro de creatividad

en el servicio del Señor. Así que, emprenda la aventura de componer música para la gloria de Dios. ¡Que Dios lo bendiga! ¡Adelante con fervor!

APÉNDICE: Aprenda cómo no escribir cantos

A veces nos ayuda saber cómo **no** hacer algo para aprender a hacerlo correctamente. Ojalá se ría conmigo por lo que sigue. El mundo está lleno de cantos románticos de amor. Muchos están bien escritos pero otros parecen estar escritos como la "Guía oficial" que aparece a continuación. No estoy burlándome de ningún estilo de canto en particular sino de la pobre construcción de muchos de ellos. Como creyentes, sabemos que Dios merece lo mejor de nuestras habilidades creativas, no las sobras. Después de haber leído este libro, si sus cantos parecen estar escritos como la "Guía" que sigue, hágame el favor de leer el libro de nuevo. ¡Disfrútelo!

Guía oficial para escribir cantos de amor

1. Piense en la persona de la cual está enamorado.
2. Diga su nombre y tire un pétalo de una flor al aire encima del formulario que aparece en la página siguiente.
3. Escriba en una hoja la frase de la caja en la cual caiga el pétalo. Ya tiene la primera línea de su letra.
4. Siga con los pasos 2 y 3 hasta que tenga bastantes líneas para su canto. No importa si tienen sentido o no la una junto a la otra porque vaya, ¡está enamorado! (Si tiene prisa, puede tirar todos los pétalos de una flor encima del formulario de una vez).
5. Si una frase no parece ser bastante larga, usted puede agregarle una de las palabras o frases cortas siguientes al principio o al final de casi cualquiera de ellas: hoy, ahora, más y más, cada día / momento / minuto / segundo, sí (¡oh, sí!), día tras día, momento tras momento, minuto por minuto, segundo por segundo, etc. (Otra forma válida de usar esta Guía es escribir una línea que realmente comunica lo que quiere expresar, luego escoger cualquiera de las frases del formulario que rime con la línea que ha escrito para hacer una rima forzada y lograr pares de líneas que rimen).
6. Escriba la música.
7. Al presentar su canto, no se olvide declarar que su canto fue inspirado por amor, un regalo divino, y que ahora le gustaría compartirlo con ellos también.
8. Preocúpese mucho por registrar los derechos de su canto porque usted está muy seguro de haber escrito un canto tan inspirador que todos van a querer robárselo.

Cuán bello/bella eres (tú)	Cántame de tu amor	Nuestro amor es único	Amor sin fin
Te quiero	No me dejes (solo, jamás)	Enamorados para siempre	Quiero cantar de tu hermosura
Quiero tomarte en mis brazos/de la mano	Quiero expresarte mi amor	No hay palabras para expresarte... (termine la frase)	Anhelo estar contigo
Me siento vacío sin ti	Quiero decirte que... (escoja cualquier otra frase)	Te amo	Tu amor es más grande que... (termine la oración)
Quiero mostrarte mi amor	Solo tú me entiendes	Incomparable eres (tú)	Abrázame
Te necesito	Quiero pasar todo mi tiempo/vida contigo	Te entrego mi vida	Quiero cantar de mi amor
Juntos para siempre	Quiero cantar de tu belleza	Tómame en tus brazos/de la mano	Te amo en todo momento/cada hora/cada minuto/día tras día
Tu belleza es más grande que... (tú escoges)	Más tiempo, más amor	Hermoso/hermosa eres (tú)	Solo yo te entiendo
Mi corazón te anhela	Anhelo tu presencia	Muéstrame tu amor	Te doy mi corazón
Quiero abrazarte	Tú eres todo para mí	No puedo vivir sin ti	Nunca te apartes (de mí)